그림으로 이해하는

3학년이 가장 궁금한 과학

글 올리브그린 그림 이케베켄이치 외

들어가는 말

3학년이 되면 이제 본격적인 과학이 시작돼요.
세상의 여러 가지 의문들을 논리적으로 설명해야 하지요.
과학자들은 옛날부터 주변의 사물이나 현상에 대해 '왜 그럴까?'
'어째서 그렇게 되지?'라는 의문을 품고, 관찰과 실험을 통해
이를 밝혀 왔어요. 하지만 세상에는 아직 과학자들도
모르는 일이 엄청 많아요. 이제 여러분이 나설 차례예요.
주변에서 벌어지는 일을 그냥 지나치지 말고
'왜?', '어째서?'라는 의문을 품는 습관을 가져 보세요.
자꾸자꾸 이유를 생각하고 확인하다 보면 어느새
그 비밀을 풀 수 있게 될지도 모르니까요.
3학년 여러분들은 이제 과학자나 다름없어요!

감수자, 미마 노유리

감수자 미마 노유리 美馬のゆり (공립하코다테미래대학 교수)

학습과학(인지과학, 학습환경디자인, 정보공학)과 과학 커뮤니케이션을 전공하고 박사 학위를 받았습니다. 공립하코다테미래대학(홋카이도) 및 일본과학미래관(도쿄)의 설립에 참여했으며, 이후 대학 교수와 과학관 부관장(2003년~2006년)을 지냈습니다. NHK 경영위원으로 활동했고, 문부과학성 과학기술정책 및 교육정책, 경제산업성의 제품 안전에 관한 심의위원, 홋카이도과학기술심의회 위원을 지냈습니다. 2014년 문부과학대신 표창 과학기술상을 받았습니다. 저서로는 〈미래의 학습을 디자인한다〉〈이과적으로 살아라〉 등이 있습니다.

부모님께

　앞으로 글로벌 사회를 살아가고 이끌어 갈 어린이에게 가장 중요한 것은 나라와 민족, 직위 등이 아닙니다. 서로 다른 문화를 존중하면서 커뮤니케이션을 도모하는 힘이지요. 문화적으로 다른 배경을 가진 사람들과 교류하려면 공통 언어가 필요합니다. 바로 과학적으로 사고하는 힘입니다.

　아이들은 처음에 주변의 사물이나 자연 현상을 보고 '신기한데? 왜 그러지?' 하고 느끼면서 과학의 재미를 발견합니다. 이런 발견은 과학적으로 사고하는 힘과 지식을 익히는 데 밑거름으로 작용합니다. 이 책에서는 학교에서 배우는 내용은 물론 그 밖의 첨단 과학 기술이나 지구의 과제까지 폭넓게 다루고 있습니다. 과학의 재미를 충분히 느끼고 체험한 아이들은 그만큼 자신의 길을 자기 스스로의 힘으로 열어 갈 수 있습니다.

　장래에 과학자가 되고 안 되고를 떠나서, 어린 시절부터 과학적으로 사물과 현상을 보는 힘을 키워 나가면 미래의 자산이 될 것이 분명합니다. 아이들이 끊임없이 '왜?'를 외치며 즐거운 마음으로 과학을 접할 수 있으면 좋겠습니다.

차례

동식물에 관한 과학 상식 • 아하, 그렇구나!

- 펭귄은 왜 추운 곳에서도 끄떡없을까? ········ 12
- 펭귄은 새인데 왜 날지 못할까? ········ 14
- 새 말고 어떤 동물이 하늘을 날까? ········ 16
- 사마귀 알은 어떻게 생겼을까? ········ 18
- 도마뱀은 왜 자기 꼬리를 자를까? ········ 20
- 자절을 하는 동물에는 어떤 것들이 있을까? ········ 22
- [독을 내뿜는 무서운 곤충] ········ 24
- [세계의 거대한 곤충] ········ 26
- 박쥐는 왜 거꾸로 매달려 있을까? ········ 28
- 박쥐는 어떻게 어두운 곳에서 날 수 있을까? ········ 30
- 오징어나 문어는 왜 먹물을 뿜을까? ········ 32
- 물고기 떼는 왜 서로 부딪치지 않을까? ········ 34
- 고양이는 왜 밤에 울까? ········ 36
- [몸색깔이 화려한 개구리] ········ 38
- 외국 장수풍뎅이를 자연에 풀면 어떻게 될까? ········ 40
- [골칫거리 외래종] ········ 42
- 농사를 짓는 개미도 있을까? ········ 44
- 버섯에도 씨가 있을까? ········ 46
- 선인장은 왜 가시가 있을까? ········ 48
- 단풍나무는 왜 가을이 되면 붉게 변할까? ········ 50
- [울긋불긋 물드는 나무] ········ 52

우리 몸에 관한 과학 상식 • 아하, 그렇구나!

게임을 오래 하면 왜 눈이 침침해질까? ……… 56
달리기를 하고 나면 왜 숨이 가쁠까? ………… 58
잊어버리는 이유는 뭘까? ……………………… 60
녹음한 목소리는 실제 목소리와 왜 다를까? …… 62
때는 왜 나올까? ………………………………… 64
감기에 걸리면 왜 열이 날까? ………………… 66
멀미는 왜 할까? ………………………………… 68
꿈은 왜 꿀까? …………………………………… 70
꽃가루 알레르기는 왜 생길까? ………………… 72
음식 알레르기는 왜 생길까? …………………… 74
빨리 달리려면 어떻게 해야 할까? ……………… 76
무릎을 고무망치로 치면 왜 다리가 올라갈까? …… 78
삐는 게 뭘까? …………………………………… 80
〔그림이 저절로 빙글빙글 뱅글뱅글〕 ………… 82

일상생활에 관한 과학 상식 • 아하, 그렇구나!

휴대 전화의 원리는 무엇일까? ·············· 86
전자레인지는 어떻게 음식을 데울까? ·············· 88
수성펜과 유성펜은 어떻게 다를까? ·············· 90
유리구슬은 어떻게 만들까? ·············· 92
야구공에는 왜 실밥 자국이 있을까? ·············· 94
비누로 씻으면 왜 깨끗하게 지워질까? ·············· 96
고무는 왜 늘어났다 줄어들었다 할까? ·············· 98
롤러코스터를 타면 왜 떨어지지 않을까? ·············· 100
리코더에서는 어떻게 소리가 날까? ·············· 102
애니메이션은 어떻게 만들까? ·············· 104

음식에 관한 과학 상식 • 아하, 그렇구나!

채소는 어느 부분을 먹을까? ·············· 108
매운맛 카레에는 뭐가 들어 있을까? ·············· 112
코코넛 워터는 뭘까? ·············· 114
곤약은 어떤 음식일까? ·············· 116
양파를 썰면 왜 눈물이 날까? ·············· 118
도넛에는 왜 구멍이 있을까? ·············· 120
라면은 왜 시간이 지나면 불을까? ·············· 122
아이스크림은 어떻게 만들까? ·············· 124
〔소금과 얼음으로 만드는 초간단 아이스크림〕·············· 126
낫토는 어떻게 만들까? ·············· 128
〔놀라운 균의 힘〕·············· 130
귤에 있는 흰 줄은 뭘까? ·············· 132
탄산음료를 마시면 치아와 뼈가 녹을까? ·············· 134
빵은 어디서 만들어졌을까? ·············· 136

지구와 우주에 관한 과학 상식·아하, 그렇구나!

하늘은 왜 낮에는 파랗고 저녁에는 붉을까? ······ 140
회오리바람은 왜 생길까? ······ 142
나침반은 왜 항상 같은 방향을 가리킬까? ······ 144
오로라는 왜 생길까? ······ 146
땅을 계속 파 내려가면 어떻게 될까? ······ 150
바닷물은 얼마나 많을까? ······ 152
우주 식품은 맛있을까? ······ 154
화성에서 살 수 있을까? ······ 156
지진은 왜 일어날까? ······ 158
화석이 뭘까? ······ 160
[거대한 생물의 화석] ······ 162
강은 어디서 시작될까? ······ 164
모래는 어떻게 만들어질까? ······ 166
암석의 색깔은 왜 다를까? ······ 168
지구 온난화가 뭘까? ······ 170
블랙홀은 무엇일까? ······ 172
태양계는 어떻게 생겨났을까? ······ 174

동식물에 관한 과학 상식
아하, 그렇구나!

동식물에 관한 과학 상식

펭귄은 왜 추운 곳에서도 끄떡없을까?

추위를 이겨 내는 여러 방법이 있기 때문이에요.

혈관 중에는 심장에서 나오는 따뜻한 피를 온몸에 운반하는 동맥과, 차가워진 피를 심장으로 보내는 정맥이 있어요. 펭귄의 발에 있는 동맥과 정맥은 그물망처럼 얽혀 있어서 차가운 정맥 피가 따뜻한 동맥 옆을 지나면서 따뜻해져요. 그래서 얼음 위에 있어도 발이 얼지 않아요.

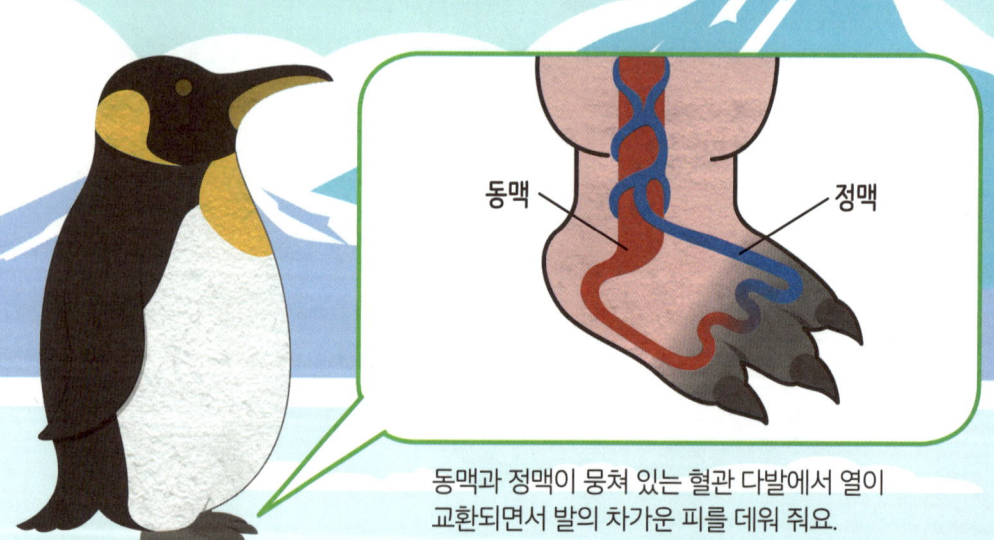

동맥과 정맥이 뭉쳐 있는 혈관 다발에서 열이 교환되면서 발의 차가운 피를 데워 줘요.

추위를 이겨 내는 펭귄의 비밀

이 밖에도 펭귄에게는 추위를 견딜 수 있는 놀라운 방법이 있어요.

비밀 1 깃털

펭귄의 깃털은 기름기가 있고 깃털 끝이 서로 맞물려 있어서 물이 잘 스며들지 않아요. 촘촘하게 난 깃털 안쪽에는 보드라운 솜털이 또 있어서, 따뜻한 공기층을 만들어 추위를 잘 견딜 수 있어요.

발바닥에도 깃털이 있어!

깃털

비밀 2 허들링

매서운 바람이 몰아치면 펭귄들은 원을 만들고 서로 몸을 최대한 밀착시켜요. 바깥쪽과 안쪽 자리를 바꿔 가며 체온을 유지하지요. 이것을 허들링이라고 해요.

 심장에서 나오는 따뜻한 피를 운반하는 혈관은 무엇일까요?

> 동식물에 관한 과학 상식

펭귄은 새인데 왜 날지 못할까?

천적이 별로 없는 곳에 살면서 날개를 쓰는 일이 줄어들어 날개가 퇴화되었기 때문이에요.

펭귄의 조상도 다른 새들처럼 하늘을 날았다고 해요.
그런데 펭귄의 조상이 살았던 남반구, 특히 남극 지방은
온통 바다로 둘러싸여 있어서 천적이 많지 않았어요.
하늘을 날아 도망갈 필요가 없었지요.
대신 바다에 들어가 먹잇감을 구해야 했기 때문에
오랜 시간이 지나면서 날개의 모양이
지느러미처럼 바뀌었어요.

하늘은 날지 못해도 헤엄치기만큼은 잘한다고!

바닷속에서 거침없이 헤엄쳐요!

펭귄의 날개는 크지 않지만 지느러미 모양이에요.

평균적으로 시속 7~12킬로미터로 헤엄칠 수 있어요.

몸은 물의 저항을 덜 받도록 럭비공처럼 생겼어요.

다른 새는 뼈의 속이 비어 있어서 가볍지만 펭귄은 물에 뜨지 않도록 뼈 속이 꽉 차 있어요.

그 밖에 날지 못하는 새

오키나와뜸부기
일본 오키나와에만 사는 희귀한 새예요.

타조
시속 70킬로미터로 달릴 수 있어요.

닭
가축으로 키우면서 날지 못하게 되었어요.

❗ 타조는 시속 몇 킬로미터로 달릴 수 있을까요?

동식물에 관한 과학 상식

새 말고 어떤 동물이 하늘을 날까?

박쥐, 날다람쥐, 날원숭이 등 다양해요.

누가 누가 멀리 날까요?

하늘다람쥐
50미터 정도 날아요. 날다람쥐보다 크기가 작아요. 높은 곳에서 방향을 바꿔 가며 아래쪽으로 내려와요.

날도마뱀
30미터 정도 날아요. 동남아시아에 살아요. 갈비뼈 옆에 있는 비막을 부채처럼 펼쳐 날아요.

날개구리
10미터 정도 날아요. 중국 남부와 동남아시아 등지에 살아요. 발가락 사이에 있는 큰 물갈퀴를 활짝 펼쳐 활공해요.

새 말고도 하늘을 나는 동물들이 있어요. 박쥐는 새처럼 하늘을 잘 날아요. 날다람쥐나 하늘다람쥐는 앞발과 뒷발 사이에 있는 커다란 막을 날개처럼 펼쳐 바람을 타고 하늘을 날아요. 몇몇 도마뱀이나 개구리도 몸과 물갈퀴를 이용해 하늘을 날지요.

박쥐
앞발과 뒷발 사이에 있는 날개 같은 비막을 이용해 하늘을 날아요. 1,000미터 이상 날 수 있어요.

날다람쥐
180미터 정도 날아요. 몸 옆구리의 피부가 비막이 되었어요. 보통은 네 다리를 쫙 펼쳐서 나무 사이를 활공해요.

날원숭이
100미터 정도 날아요. 필리핀과 말레이시아에 살아요. 머리 뒷부분부터 비막이 있어요.

날뱀
100미터 정도 날아요. 동남아시아에 살아요. 몸을 평평하게 펼쳐 나무 사이를 활공해요.

하늘을 나는 물고기

날치
400미터 정도 날아요. 위협을 느끼면 바다 위로 튀어나와 큰 가슴지느러미를 펼쳐 날아요.

출처: 〈학연도감 동물〉(학연) 〈학연도감 파충류〉(학연) 〈소학관도감 NEO 동물〉(소학관) 〈소학관도감 NEO 양서류·파충류〉(소학관) 〈신비로운 양서류·파충류〉(사이언스·아이신서)

동식물에 관한 과학 상식

사마귀 알은 어떻게 생겼을까?

사마귀 알집은 땅에서 50~250센티미터 높이에 있는 나뭇가지에 붙어 있어요. 크기는 보통 2~4센티미터예요. 사진에 보이는 것은 알집인데, 이 안에 400개 정도 되는 알들이 들어 있어요.

▲ 알집

1 사마귀는 9월에서 10월 사이에 알집을 만들어요. 암컷은 엉덩이에서 나오는 끈적끈적한 하얀색 거품으로 동그란 알집을 만들고, 이 안에 알을 낳아요.

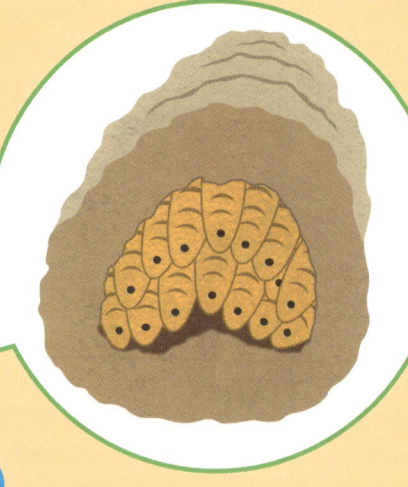

2 하나의 알집 안에는 약 400개의 알이 들어 있어요. 스펀지 같은 알집이 밖에서 들어오는 차가운 공기를 막아 주고 충격을 흡수해 겨우내 알을 보호하지요.

알집 속에 작은 알이 꽉 차 있어요.

3
4월이나 5월이 되면 알이 부화해 검은 눈이 생긴 애벌레로 성장해요. 그러면 알집 밖으로 나올 수 있어요.

4
이제 막 알집에서 나온 애벌레는 날개가 없어요. 총 7번 허물을 벗으면서 성장하다가 8월이 되면 어른벌레가 돼요.

 사마귀의 알은 어디서 자랄까요?

동식물에 관한 과학 상식

도마뱀은 왜 자기 꼬리를 자를까?

위험에 처했을 때 도망가기 위해서예요.

1 도마뱀은 적을 만나 위협을 느끼면 뇌에서 꼬리 근육을 수축하라는 신호를 보내요.

뇌에서 신호를 보내요.

2 신호를 받아 오그라든 꼬리가 잘려 나가요. 잘린 꼬리를 보고 적이 당황하는 동안 잽싸게 도망가요.

신호를 받은 꼬리가 잘려 나가요.

도마뱀의 꼬리에는 '추골'이라는 작은 뼈가
이어져 있어요. 적을 만나 위협을 느끼면 꼬리의 근육이
수축돼요. 그러면 추골이 부러져 몸에서 떨어져 나가요.
이처럼 동물이 위험한 순간에서 벗어나기 위해
몸의 일부를 스스로 자르는 일을 '자절'이라고 해요.

잘린 꼬리는 다시 자라요

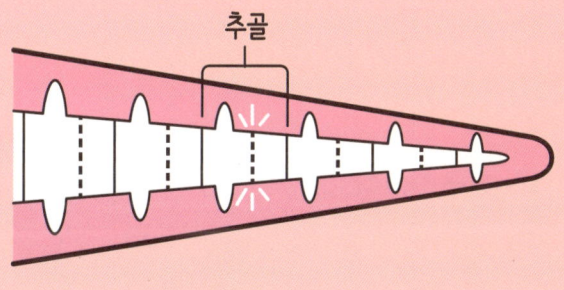

추골은 한 마디씩 자르기
쉬운 구조로 되어 있어요.
적을 만나면 잘리기 쉬운 곳의
뼈가 끊어져 떨어져요.

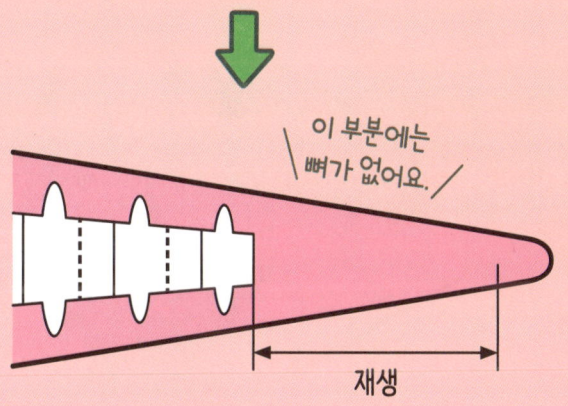

얼마 지나지 않아 잘린 꼬리는
다시 자라요. 꼬리가 재생되는
데는 4개월 정도 걸리지요.
하지만 뼈(추골)는 자라지 않기
때문에 재생된 꼬리 속에는
뼈가 없어요.

❗ 자기 몸을 스스로 자르는 것을 무엇이라고 할까요?

동식물에 관한 과학 상식

자절을 하는 동물에는 어떤 것들이 있을까?

불가사리, 가재, 게, 메뚜기 등이 있어요.

도마뱀 말고도 적으로부터 위협을 느꼈을 때 스스로 몸의 일부를 자르는 동물이 있어요. 불가사리는 팔을 자르는데 금방 다시 자라요. 가재나 게는 집게발을 자르고, 메뚜기는 뒷다리를 자르고 도망가지요.

불가사리

불가사리의 팔은 쉽게 잘려 나가고 또 금방 다시 자라요. 몸에서 팔이 재생될 뿐 아니라 팔에서도 몸통이 재생돼요. 팔이 잘리면 몸이 둘로 늘어나는 것이지요.

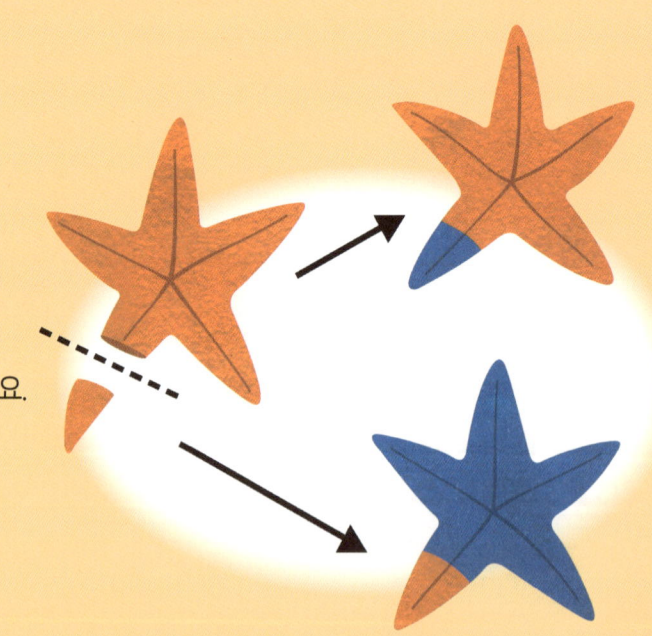

가재

가재는 적과 싸우거나 위협을 느끼면 스스로 집게발을 자르고 도망을 가요. 그러면 발이 잘린 부위에서 작은 발이 나오는데, 몇 번의 탈피를 거치면서 예전처럼 크기가 점점 커져요.

게

게는 집게발이나 다리를 끊고 도망쳐요. 새로운 다리가 나오면 허물을 벗으면서 원래 다리 모양으로 자라요. 다른 곳이 잘리면 죽을 수도 있어요.

메뚜기

메뚜기는 뒷다리를 잡히면 스스로 잘라요. 다리는 다시 자라지 않기 때문에 전처럼 잘 뛸 수는 없어요. 생명을 지키려고 다리를 포기하는 것이지요.

잘 뛰지는 못해도 목숨은 건졌어.

❗ 불가사리는 팔이 잘리면 어떻게 될까요?

독을 내뿜는 무서운 곤충

▲ 폭탄먼지벌레가 독가스를 분사하는 모습

곤충 중에는 독을 품고 있는 것이 아주 많아요. 그중에 꽁무니에서 독가스를 내뿜는 곤충도 있어요. 순식간에 독가스를 내뿜어서 폭탄먼지벌레라는 이름이 붙었지요. 몸길이는 약 1.5센티미터이고 대체로 검은색이에요.

폭탄먼지벌레의 몸 구조

폭탄먼지벌레의 몸속에는 두 개의 주머니가 있어요. 하나에는 과산화 수소, 또 하나에는 히드로퀴논이라는 물질이 들어 있어요. 폭탄먼지벌레가 위협을 받으면 이 두 가지가 섞여 반응실로 보내져요. 그러면 반응실에서 100도가 넘는 뜨거운 독가스가 만들어지고 독가스를 뿜어 상대를 공격해요.

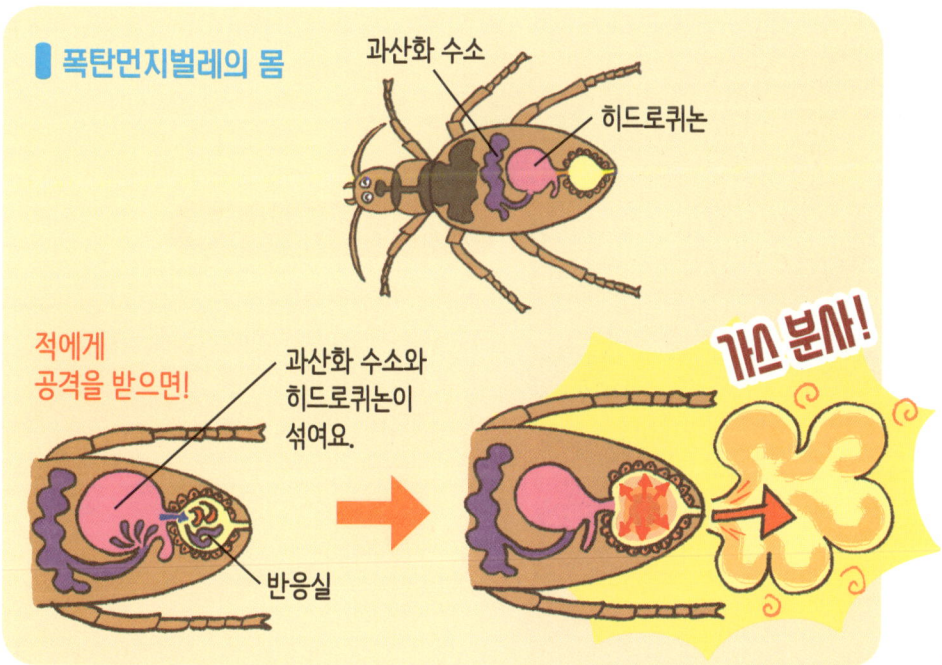

세계의 거대한 곤충

세계에는 현재 이름이 있는 것만 해도 95만 종이 넘는 곤충이 있어요. 그중에는 우리나라에서는 볼 수 없는 엄청난 크기의 곤충도 있지요. 가장 유명한 것은 헤라클레스장수풍뎅이인데, 최고 기록은 뿔을 포함한 몸길이가 무려 18센티미터예요.

세계에서 가장 큰 곤충

헤라클레스장수풍뎅이
원산지는 중앙아메리카예요.
몸길이는 12~15센티미터로 한국의 장수풍뎅이보다 4~5배 정도 커요.

세계에서 가장 긴 곤충

골리앗대왕대벌레
원산지는 아프리카의 마다가스카르예요.
몸길이는 약 32센티미터로, 다리 길이를 포함하면 50센티미터가 넘는 것도 있어요.

세계에서 가장 무거운 곤충

골리앗장수꽃무지
원산지는 아프리카예요. 크기는 약 10센티미터, 몸무게는 70~100그램으로 세계에서 가장 무거운 곤충이에요.

세계에서 가장 큰 나비

알렉산드라비단제비나비
원산지는 파푸아뉴기니예요. 날개를 펼쳤을 때 크기가 약 28센티미터에 이르러요. 애벌레도 크기가 12센티미터나 돼요.

동식물에 관한 과학 상식

박쥐는 왜 거꾸로 매달려 있을까?

뼈가 가늘고 가벼워서 앉아 있기가 힘들기 때문이에요.

박쥐는 하늘을 날기 쉽도록 뼈가 가늘고 가벼워요.
대신 뼈의 힘이 약해 나무 위에 앉아 있을 수가 없어요.
하지만 뒷발가락에 있는 날카로운 고리처럼 생긴 발톱을
나뭇가지에 걸어 거꾸로 매달려 있을 수 있어요.

배설은 어떻게 할까요?

박쥐는 앞발을 나뭇가지에 걸어 머리가 위로 오게 똑바로 매달려서 배설을 해요. 하지만 힘이 약한 박쥐는 거꾸로 매달린 채 배설물이 몸에 묻지 않도록 몸을 이리저리 유연하게 비틀며 배설을 해요.

간단하지!

박쥐의 뒷발가락에는 날카로운 고리처럼 생긴 발톱이 있어서 거꾸로 잘 매달릴 수 있어요.

동식물에 관한 과학 상식

박쥐는 어떻게 어두운 곳에서 날 수 있을까?

초음파로 주변을 살필 수 있기 때문이에요.

박쥐의 초음파 이용법

박쥐는 스스로 초음파를 내어 되돌아오는 소리를 듣고 주변에 무엇이 있는지를 알아내요.

벽에 다가갈수록 약한 초음파를 자주 내서 자세히 살펴요.

초음파로 먹이를 찾아내요. 그것이 자기가 좋아하는 먹이인지 아닌지도 알아낼 수 있어요.

박쥐가 어둠 속에서도 자유롭게 다닐 수 있는 것은 초음파를 사용하기 때문이에요. 초음파는 인간의 귀로는 들을 수 없는 매우 높은 소리예요. 박쥐는 초음파를 내서 되돌아오는 소리를 듣고 장애물을 감지하기도 하고 먹이를 찾기도 해요.

돌고래도 초음파를 이용해요

돌고래도 박쥐와 마찬가지로 초음파를 이용해요. 이마에 있는 '멜론'이라는 기관에서 초음파를 쏘는데, 이것이 앞에 있는 사물에 부딪쳐 반사되는 것을 아래쪽 턱뼈로 인지해 친구나 먹잇감을 찾아요.

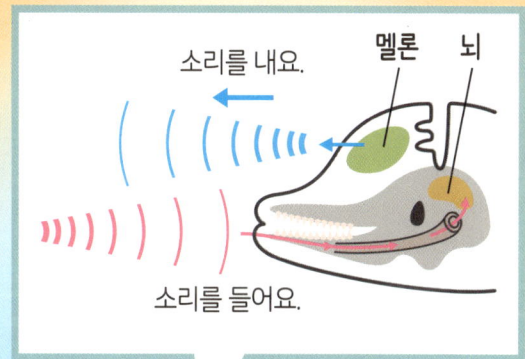

박쥐가 내는 소리를 무엇이라고 할까요?

동식물에 관한 과학 상식

오징어나 문어는 왜 먹물을 뿜을까?

적으로부터 자신을 보호하기 위해서예요.

문어 먹물의 특징
- 끈적임이 없어 물속에 연기처럼 퍼져요.
- 오징어 먹물보다 양이 적어요.
- 적을 마비시키는 티로신이 들어 있어요.

내가 안 보이겠지?

쏴아~

코가 시큰거려.

문어와 오징어가 먹물을 내뿜는 것은 모두 적으로부터 자신을 보호하기 위해서예요. 그런데 문어와 오징어 먹물은 성질이 조금 달라요. 문어 먹물은 물속에서 쉽게 퍼져 상대의 눈을 가리기 쉽고 후각을 마비시키는 성분이 들어 있어요. 반면 오징어 먹물은 한데 뭉쳐 덩어리져 떠다니기 때문에 상대가 먹물을 오징어로 착각하기도 해요.

오징어 먹물의 특징
- 끈끈한 덩어리 상태로 바닷속을 떠다녀요.
- 감칠맛을 내는 성분인 아미노산이 많이 들어 있어요. (문어의 30배)

이 틈에 도망가야지!

오징어 먹물은 요리에도 이용해.

앗, 오징어다!

❗ 문어와 오징어 중에 끈적거리는 먹물은 누구의 것일까요?

동식물에 관한 과학 상식

물고기 떼는 왜 서로 부딪치지 않을까?

몸통 옆에 있는 옆줄로 주변의 움직임을 재빨리 감지할 수 있기 때문이에요.

다랑어 같은 물고기는 떼를 지어 바닷속을 헤엄쳐요. 무리를 지어 몰려다니면 한 마리의 거대한 물고기처럼 보여서 적이 쉽게 공격하지 못해요. 적을 발견하기도 쉽지요. 무리를 지어 다니는 물고기들이 서로 부딪치지 않고 재빠르게 헤엄치며 방향을 바꿀 수 있는 것은 물고기의 몸에 '옆줄'이라는 특별한 기관이 있기 때문이에요. 또 무리를 지어 다니는 데는 일정한 규칙이 있어요.

물고기의 옆줄

물고기를 자세히 살펴보면 머리 뒷부분부터 꼬리지느러미까지 옆으로 긴 줄이 있어요. 이것이 옆줄이에요. 옆줄로 주변의 소리나 물살의 세기 등을 감지할 수 있어서 주변의 다른 물고기들과 부딪치지 않고 헤엄을 칠 수 있어요.

옆줄

무리를 지어 움직이기 위한 세 가지 규칙

일정한 간격을 둬요
사이가 너무 가까우면 부딪힐 수 있기 때문에 일정한 간격을 둬요.

너무 멀어지지 않아요
사이가 너무 멀어지면 무리에서 떨어져 나갈 수 있기 때문에 간격을 일정하게 유지해요.

나란히 줄을 맞춰요
무리와 같은 속도로 나아가고 방향을 바꾸기 위해 속도와 방향을 일정하게 맞춰요.

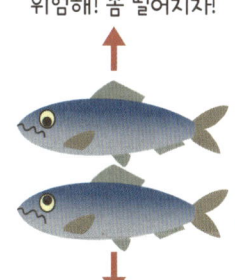
위험해! 좀 떨어지자!

너무 멀어졌다!

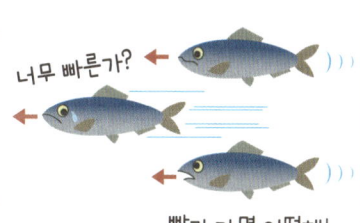
너무 빠른가?
빨리 가면 어떡해!

❗ 물고기 몸에 옆으로 길게 있는 것은 무엇일까요?

동식물에 관한 과학 상식

고양이는 왜 밤에 울까?

원래 고양이는 야행성 동물이기 때문이에요.

고양이는 육식 동물로, 원래는 사냥을 해서 먹잇감을 구했어요. 사냥을 하려면 동물들이 잠을 자는 밤이 활동하기 좋기 때문에 고양이들은 밤에 활발하게 움직였어요. 이런 습성을 야행성이라고 해요. 사람과 함께 살면서도 이런 습성이 남아 있어서 밤이 되면 활발하게 움직이는 거예요.

꼬리
매우 유연하고 움직임이 활발해요. 높은 곳에서 떨어질 때도 꼬리로 균형을 잡아요.

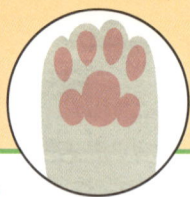

발 안쪽
쿠션처럼 폭신폭신하고 부드러워 소리가 나지 않게 걸을 수 있어요.

고양이가 야행성을 보이는 특징

수염
수염 끝에 신경이 몰려 있어서 물체에 닿으면 금방 알 수 있어요. 그래서 어두운 곳이나 좁은 곳에서도 부딪히지 않고 움직일 수 있어요.

귀
청각이 발달해 사람에게는 들리지 않는 고음을 들을 수 있어요. 귀를 움직이면 멀리서 들려오는 소리까지 들을 수 있고 어두운 곳에서 적을 찾아낼 수도 있어요.

눈
고양이의 눈에는 타페텀이라는 빛을 반사시키는 반사판이 있어서 깜깜한 곳에서도 사람보다 훨씬 더 잘 볼 수 있어요.

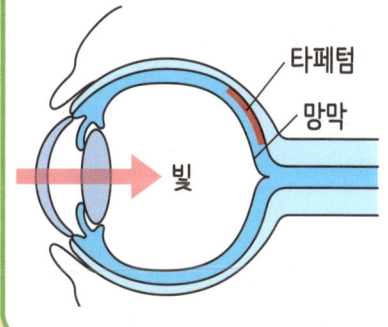

코
후각이 매우 발달해서 사람보다 몇 배에서 몇 십만 배까지 냄새를 잘 구별해요.

❗ 밤에 주로 활동하는 습성을 무엇이라고 할까요?

몸색깔이 화려한 개구리

5,800종이 넘는 다양한 개구리 중에는 화려한 색과 모양을 뽐내는 개구리들이 있어요. 적들은 이렇게 화려한 개구리를 보면 맛이 없거나 독이 있다고 생각해요.

1등 빨간눈청개구리

중앙아메리카 등지에 서식해요.
초록색 몸에 눈이 빨간 게 특징이에요.

2등　뿔개구리

남아메리카 등지에 서식해요. 눈꺼풀이 뿔처럼 위로 솟아 있어요. 쥐와 도마뱀 같은 동물도 거뜬히 잡아먹어요.

3등　클라운청개구리

남아메리카 등지에 서식해요. 빨간색 몸통에 노란색 띠가 있어요.

4등　토마토개구리

아프리카 마다가스카르 등지에 서식해요. 토마토처럼 온몸이 빨개요. 멸종 위기에 처해 있어요.

5등　청독화살개구리

남아메리카 등지에 서식해요. 온몸이 짙은 파란색이고 군데군데 어두운 남색 반점이 있어요.

6등　딸기독화살개구리

중앙아메리카 등지에 서식해요. 다리만 빼고 온몸이 빨간색이에요.

7등　초록독화살개구리

중앙아메리카 등지에 서식해요. 초록색 몸에 검은 반점이 있어요.

동식물에 관한 과학 상식

외국 장수풍뎅이를 자연에 풀면 어떻게 될까?

원래 살던 장수풍뎅이가 위협을 받아요.

같은 장수풍뎅이라고 해도 한국 장수풍뎅이와 외국 장수풍뎅이는 크기와 먹이 등 다른 점이 많아요. 외국의 장수풍뎅이를 들여와 자연에 풀면 힘센 외국의 장수풍뎅이가 한국 장수풍뎅이의 서식처를 빼앗거나 다른 동식물들을 잡아먹는 등 생태계에 큰 영향을 미쳐요. 외국에서 들여와 우리나라에서 서식하는 생물을 외래종이라고 해요.

헤라클래스장수풍뎅이(외국)
크기 : 12~15센티미터
먹이 : 나무즙, 과일
성격 : 힘이 세고 사나움

장수풍뎅이(한국)
크기 : 3~8센티미터
먹이 : 나무즙
성격 : 얌전함

외래종 장수풍뎅이를 들여오면 안 되는 이유

① 본래 살던 장수풍뎅이의 먹이나 거처를 빼앗아요

외래종 장수풍뎅이는 몸도 크고 힘도 세서 토종 장수풍뎅이가 먹이나 서식처를 빼앗기기 쉬워요.

② 새로운 종류의 장수풍뎅이가 태어나요

종류가 다른 장수풍뎅이 사이에서 새끼(잡종이라고 해요)가 태어나면 토종의 개체 수가 줄어들어요.

③ 농작물에 피해를 입혀요

외래종 장수풍뎅이는 닥치는 대로 먹어 치우기 때문에 나무나 과일 같은 농작물이 큰 피해를 입어요.

④ 새로운 병이 번져요

외래종 장수풍뎅이가 가지고 있던 해충이나 병균을 토종에게 옮길 수 있어요.

❗ 외국에서 들여온 생물을 무엇이라고 할까요?

골칫거리 외래종

다양한 생물의 외래종이 큰 문제가 되고 있어요. 대부분 식용이나 애완용으로 이용하려고 들여온 것이 자연에서 자리를 잡고 살게 된 것들이에요. 생명력이 강한 외래종은 토종 생물을 밀어내고 기존 생태계를 무너뜨리기도 해요. 농작물에 피해를 줄 때도 많아요.

뉴트리아

남아메리카가 원산지로, 1985년 농가에서 모피와 고기를 얻으려고 처음 들여왔어요. 이후 방치되거나 탈출한 뉴트리아가 습지에 서식하면서 그 수가 급격하게 늘어났고, 어린 물고기와 식물 등 토종 생물들을 먹어 치워 큰 문제가 되고 있어요.

황소개구리

원산지는 북아메리카의 일부 지역이에요. 한때 식용으로 쓰려고 수입했는데, 야생에서 번식하면서 토종 생물의 서식지를 차지했어요. 곤충과 물고기, 개구리는 물론 천적인 뱀까지 잡아먹으면서 생태계 파괴의 주범이 되었어요.

붉은귀거북

미국이 원산지예요. 대부분 애완용으로 키우는데, 종교적인 이유 등으로 자연에 놓아주면서 생태계 파괴를 불러왔어요.

꽃매미

중국이 원산지로, 과실나무의 즙을 빨아 먹어 시들게 하고, 배설물로 그을음병을 옮겨 큰 피해를 줘요.

큰입배스

원산지는 북아메리카로, 식용과 낚시용으로 저수지와 강에 방류되었어요. 공격력이 강해 토종 물고기를 마구 잡아먹어요.

파랑볼우럭(블루길)

원산지는 북아메리카로, 식용과 낚시용으로 들여왔어요. 토종 물고기를 밀어내고, 어린 물고기까지 닥치는 대로 잡아먹어요.

단풍잎돼지풀

북아메리카가 원산지인 식물로, 빽빽하게 자라나 주변 토착 생물의 성장을 방해해요. 꽃가루는 알레르기를 일으켜요.

도깨비가지

북아메리카가 원산지인 덩굴 식물이에요. 넓은 면적을 뒤덮으며 자라는데, 주변 식물까지 뒤덮어서 말려 죽여요.

동식물에 관한 과학 상식

농사를 짓는 개미도 있을까?

잎꾼개미는 개미집에서 버섯을 키워요.

라틴 아메리카에 서식하는 잎꾼개미는 농사를 지어요. 개미집으로 운반해 온 나뭇잎에 버섯 균을 붙여 키운 다음 먹이로 삼지요. 개미집에서 버섯을 재배하는 거예요. 사람보다 더 일찍 농사를 짓기 시작했다고 해요.

사진 제공 : 고마츠 다카시

▲ 지하 20센티미터에 있는 잎꾼개미의 버섯 농장
하얗게 보이는 것이 잎꾼개미의 식량이 되는 버섯이에요. 이대로 두면 더 크게 자라지만 그 전에 먹어 버려요.

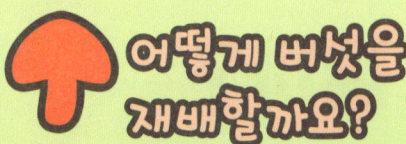 **어떻게 버섯을 재배할까요?**

나뭇잎을 잘라 오는 일과 가져온 나뭇잎에 버섯 균을 붙이는 일을 각각 나누어 해요.

1

강력한 턱으로 나뭇잎을 잘라 개미집으로 가져와요. 그 행렬이 수십 미터나 돼요.

2

나뭇잎을 1~2밀리미터 정도로 잘게 잘라요.

3

잘게 자른 나뭇잎을 뭉친 다음 배설물을 떨어뜨려요.

4

이미 자란 버섯 균을 반죽한 나뭇잎에 심어요. 표면을 고르게 정리하고 다른 균을 없애면서 버섯밭을 돌봐요.

 잎꾼개미가 농장에서 키우는 것은 무엇일까요?

동식물에 관한 과학 상식

버섯에도 씨가 있을까?

씨 대신 포자라는 것이 있어요.

▲ 버섯의 포자가 퍼지는 모습

사진 제공 : 노기 카즈유키

버섯은 식물이 아니라 균류예요. 그래서 씨를 맺지 않아요. 대신 우산처럼 생긴 버섯의 갓 아래쪽 주름에 '포자'라는 것이 많이 생겨나요. 포자는 크기가 아주 작아서 맨눈으로는 볼 수 없어요. 이 포자가 바람에 날려 땅에 떨어지면 버섯으로 자라요.

다양한 형태의 포자

버섯의 포자는 1밀리미터의 200분의 1에서 50분의 1정도로 작아서 우리 눈에는 보이지 않아요. 흰색, 살구색, 갈색 등이 있고 모양도 아주 다양해요.

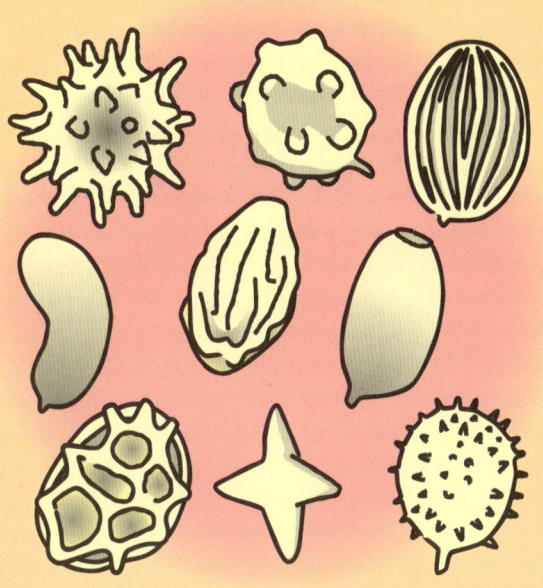

▲ 다양한 형태의 포자

표고버섯의 포자를 살펴보아요!

① 표고버섯의 갓 부분을 잘라 검은 종이 위에 올려놓고 위에 컵을 씌워요.

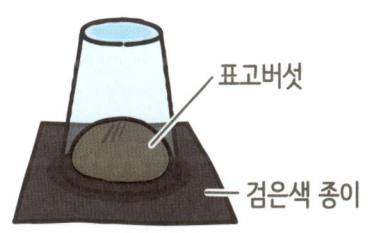

⇩ 하루 뒤

② 하루 정도 놔두었다가 표고버섯을 들어내면 종이 위에 포자가 남아 있어요. 이 하얀색 둥근 무늬를 포자문이라고 해요.

버섯은 씨 대신 무엇을 퍼뜨릴까요?

동식물에 관한 과학 상식

선인장은 왜 가시가 있을까?

가시는 물이 증발하는 것을 막고 줄기를 보호해요.

사실 선인장의 몸통은 줄기이고, 가시는 잎이에요. 비가 잘 내리지 않는 건조한 곳에 살면서 물과 영양분을 저장하려고 줄기는 두꺼워지고 잎은 가늘어진 거예요.

선인장의 구조

물을 저장하는 부분

잎
작은 가시처럼 생겨 줄기에서 물이 빠져나가는 것을 막아 줘요.

관다발
물이나 영양분이 지나는 곳이에요.

줄기
물을 가능한 한 많이 저장하기 위해 크고 굵어요.

뿌리

선인장의 가시는 줄기의 물을 가능한 한 빼앗기지 않게 조절하는 아주 중요한 역할을 해요. 그리고 벌레나 도마뱀 같은 동물이 쉽게 먹지 못하게 막는 역할도 하지요.

가시의 역할

물이 너무 많으면 썩을 수 있기 때문에 빗물 등이 직접 닿지 않게 막아 줘요.

강한 햇볕을 받아 표면 온도가 올라가는 것을 막아 줘요.

줄기 속의 물이 증발하는 것을 막아 줘요.

공기 중의 수분을 모아 줘요.

사막의 거친 모래 폭풍을 견딜 수 있게 해 줘요.

벌레나 동물로부터 몸을 지켜 줘요.

❗ 선인장의 가시는 무엇이 변한 것일까요?

동식물에 관한 과학 상식

단풍나무는 왜 가을이 되면 붉게 변할까?

잎에서 붉은색 색소가 만들어지기 때문이에요.

단풍나무는 가을이 되면 나뭇잎이 붉은색으로 변해요. 단풍잎의 초록색 색소는 햇빛에 닿는 시간이 짧아지고 기온이 낮아지면 점점 줄어들어요. 대신 붉은색 색소가 만들어져 빨갛게 보이지요. 은행나무는 가을이 되면 나뭇잎이 노랗게 변해요. 초록색 색소가 줄어들면서 원래 가지고 있던 노란색 색소가 드러나 노랗게 보이는 거예요.

노란색으로 변하는 은행나무 잎

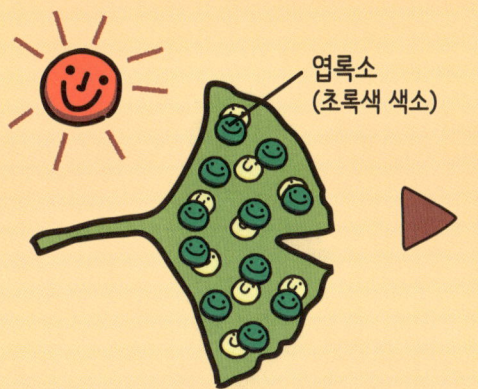

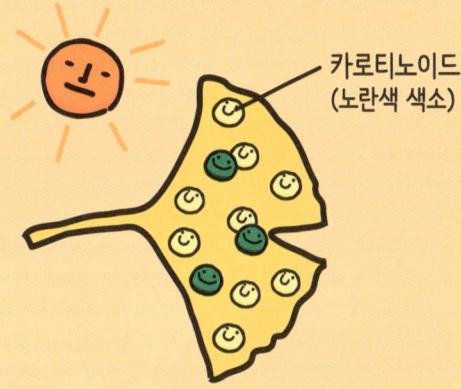

따뜻한 계절에는 엽록소가 풍부해서 잎이 초록색으로 보여요. 초록색 엽록소는 '클로로필'이라고 해요.

가을이 되어 엽록소가 줄면 노란색 색소인 '카로티노이드'가 드러나 잎이 노랗게 보여요.

붉은색으로 변하는 단풍나무 잎

엽록소가 많을 때는 잎이 초록색으로 보여요.

가을이 되어 엽록소가 줄면 잎에서 붉은색 색소인 '안토시아닌'이 만들어져 잎이 붉게 보여요.

가을에 나뭇잎 색이 변하는 나무들을 살펴보세요!

울긋불긋 물드는 나무

붉은색으로 물드는 나무

단풍나무

손바닥 모양 잎이 5~7갈래로 깊이 갈라져 있어요. 가을에 잎이 붉은색으로 아름답게 변해요.

사탕단풍

손바닥 모양 잎이 3~5개로 갈라져요. 가을이 되면 오렌지색에서부터 진홍색으로 단풍이 들어요.

마가목

높은 산에서 자라는데 가로수로도 심어요. 가을이 되면 잎이 선명한 붉은색으로 변하고 붉은 열매도 열려요.

산벚나무

높은 산 숲속에서 자라는 야생 벚나무예요. 봄에는 예쁜 꽃이 피고, 가을이 되면 잎이 새빨갛게 변해 관상용으로 재배해요.

기온이 달라지면서 식물의 잎이 붉은색이나 노란색으로 변하는 것, 또는 그렇게 변한 잎을 단풍이라고 해요.

 ## 노란색으로 물드는 나무

은행나무

가로수로 많이 심어요. 노란색으로 옷을 갈아입는 가장 대표적인 나무예요. 가을이 되면 샛노란 아름다움을 뽐내요.

자작나무

북쪽 지역의 높은 산에 자라는 키가 큰 나무예요. 은행나무 다음으로 잎이 노랗게 물드는 대표적인 나무지요.

느릅나무

추위에 강하고 물기가 있는 곳에서 잘 자라요. 가로수로도 많이 심고, 공원에서도 쉽게 볼 수 있어요.

양버들

나뭇가지가 줄기를 따라 위쪽으로 자라서 마치 빗자루같이 보여요. 가을이 되면 노란색으로 옷을 갈아입어요.

우리 몸에 관한 과학 상식
아하, 그렇구나!

우리 몸에 관한 과학 상식

게임을 오래 하면 왜 눈이 침침해질까?

초점을 맞추기가 어려워지기 때문이에요.

우리가 사물을 볼 수 있는 것은 눈의 수정체가 두꺼워졌다 얇아졌다 하면서 초점을 맞춰 주기 때문이에요. 그런데 한곳을 오랫동안 들여다보아 눈이 피로해지면, 수정체가 제대로 초점을 맞추지 못해 눈이 침침해져요.

평소

◎ 가까운 곳을 볼 때
수정체가 두께를 조절해 초점을 맞춰요.

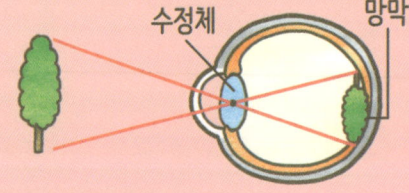

◎ 먼 곳을 볼 때
수정체가 가까운 곳을 볼 때보다 얇아져 초점을 맞춰요.

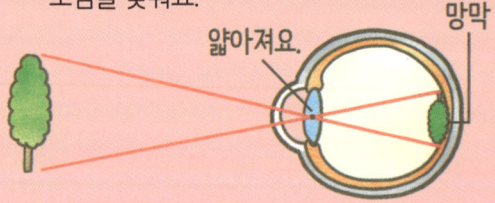

피곤할 때

◎ 먼 곳을 볼 때
수정체의 조절 능력이 떨어져 초점을 제대로 맞추지 못해요.

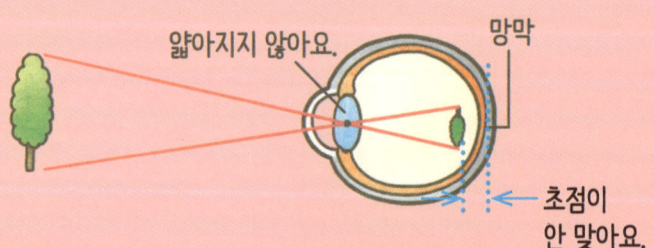

게임을 오래 하면 불빛이 깜박거리는 것도 잘 인지하지 못해요. 또한 눈을 깜박거리지 않고 화면을 쳐다보기 때문에 눈이 건조해지는 안구 건조증이 생길 수도 있어요.

우리 몸에 관한 과학 상식

달리기를 하고 나면 왜 숨이 가쁠까?

몸에 많은 양의 산소가 필요하기 때문이에요.

달리기를 할 때는 몸의 근육을 많이 쓰기 때문에 그만큼 많은 양의 에너지가 필요해요. 몸속 세포는 산소를 이용해 영양분을 에너지로 바꾸는데, 달리기를 할 때는 걸을 때보다 2배가 넘는 산소가 필요해요. 그래서 뇌가 산소를 많이 공급하라고 명령을 내리기 때문에 숨이 차오르는 거예요.

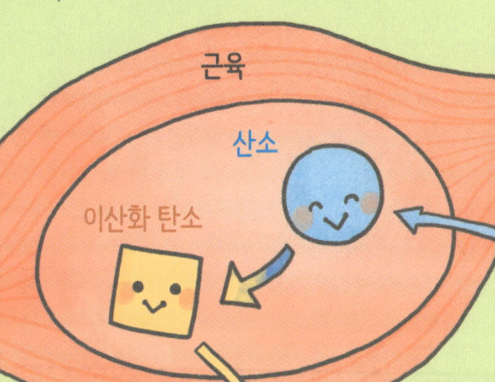

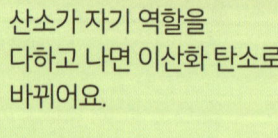

산소가 자기 역할을 다하고 나면 이산화 탄소로 바뀌어요.

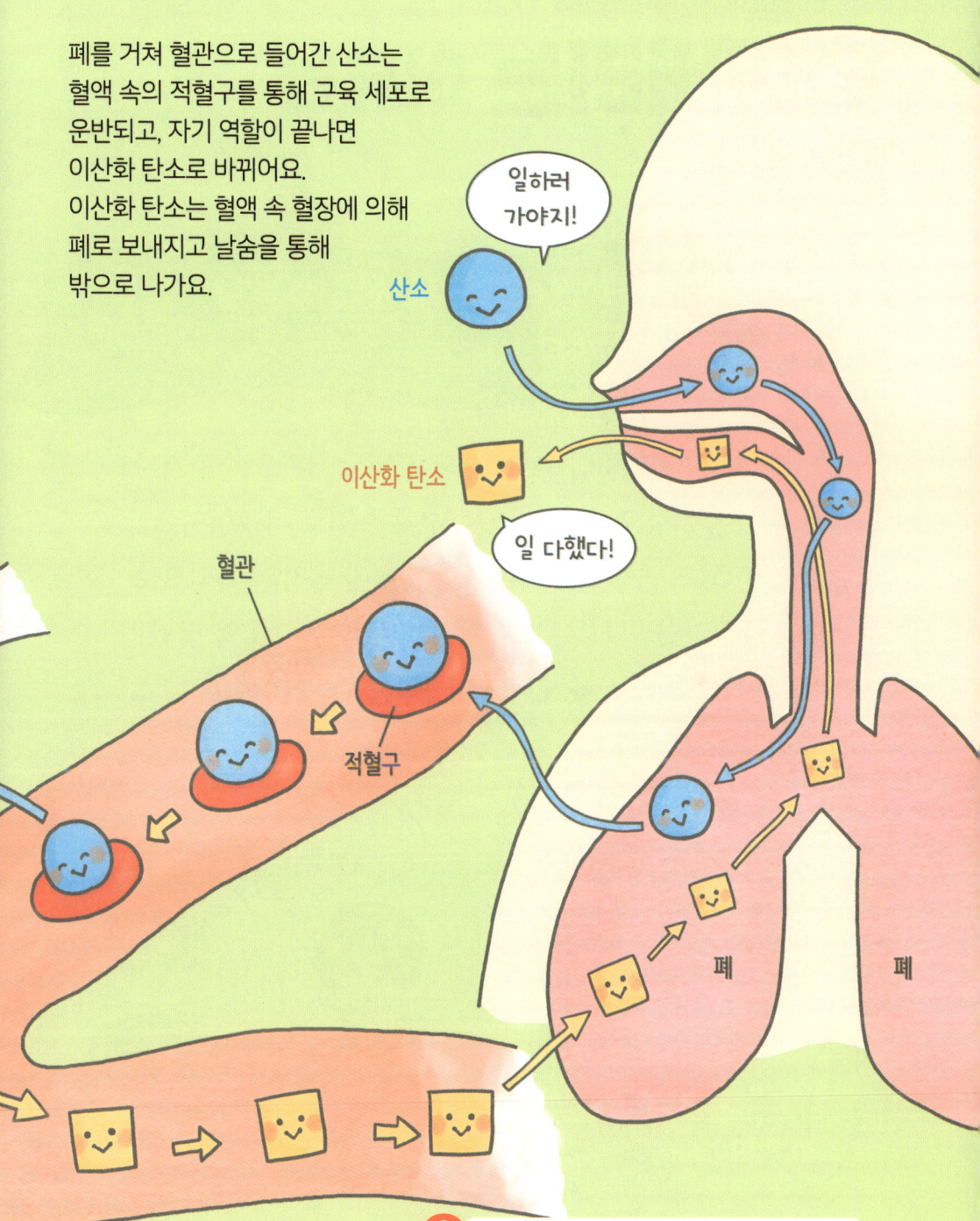

우리 몸에 관한 과학 상식

잊어버리는 이유는 멀까?

뇌가 중요한 일과 별로 중요하지 않은 일을 나누어 기억하기 때문이에요.

기억은 맨 처음 뇌의 중심에 있는 '해마'라는 기관으로 옮겨져요. 그리고 해마에서 중요한 일과 그렇지 않은 일로 나누어져요. 중요한 일은 뇌의 바깥쪽 '대뇌 피질'로 보내져 장기 기억으로 보존돼요. 기쁜 일이나 무서운 일 등 마음에 강렬히 와 닿았던 경험 등도 대뇌 피질로 옮겨져 오랫동안 기억에 남아요.

장기 기억이 보존되는 곳은 어디일까요?

우리 몸에 관한 과학 상식

녹음한 목소리는 실제 목소리와 왜 다를까?

실제로 말을 할 때 들리는 목소리에는 몸이 진동하는 소리까지 섞여서 들리기 때문이에요.

말을 할 때 들리는 내 목소리에는 몸이나 뼈에서 전해지는 소리도 섞여 있어서 녹음한 목소리와 실제 목소리는 다르게 들려요.

목소리를 녹음해서 들어 보아요

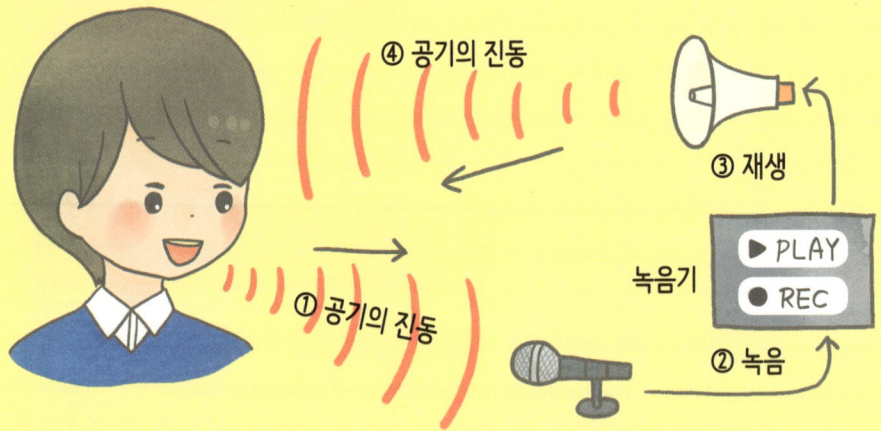

마이크에 대고 말을 하면 공기를 울리면서 그 소리가 마이크에 전달돼요. 녹음기에 그 소리가 저장되고, 그것을 재생하면 스피커에서 나오는 소리가 귀로 전달돼요. 다른 사람에게 들리는 내 목소리는 녹음한 목소리와 같아요.

목소리가 나오는 원리와 들리는 원리

목소리는 목에 있는 성대가 떨리면서 입에서 나와요. 이때 몸도 같이 진동하는데, 이것이 소리를 듣는 신경과 뼈에도 전달돼요. 이 소리와 귀에서 고막을 통해 들리는 소리가 같이 들리기 때문에 실제 내 목소리와 녹음된 소리는 다르게 느껴져요.

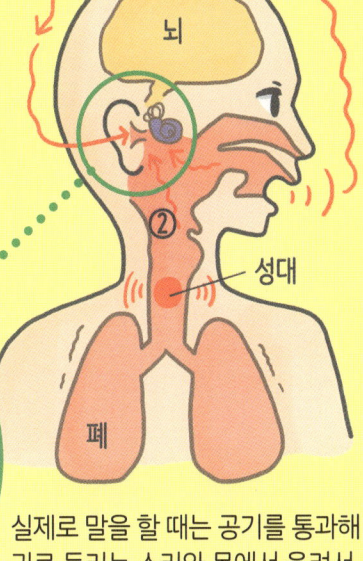

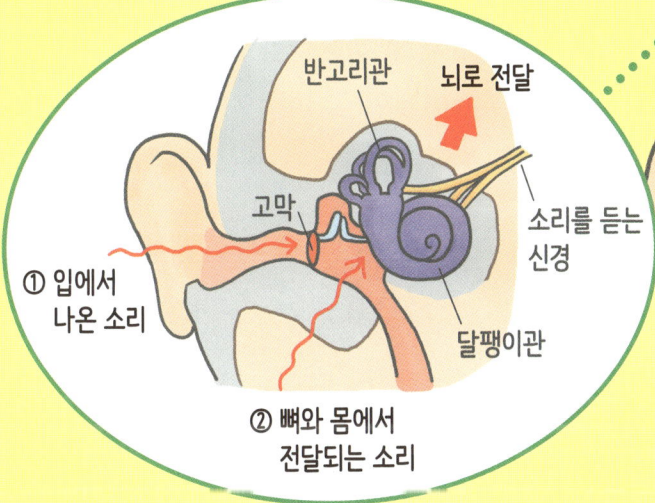

실제로 말을 할 때는 공기를 통과해 귀로 들리는 소리와 몸에서 울려서 나오는 소리를 모두 들어요.

턱뼈의 진동을 통해 소리를 들어요!

돌고래나 고래는 머리에서 초음파를 쏘아 되돌아오는 소리를 아래턱뼈로 인식해요.

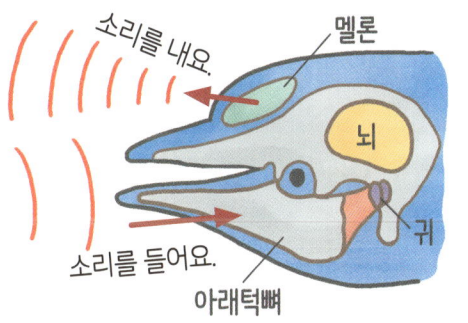

❗ 소리는 목의 어느 부분이 떨리면서 날까요?

63

우리 몸에 관한 과학 상식

때는 왜 나올까?

오래된 표피 세포가 떨어져 나가기 때문이에요.

피부의 가장 바깥층을 표피라고 부르는데, 세균이나 자외선 등 해로운 자극이나 물질로부터 피부를 보호해 줘요. 표피 세포는 오래되면 떨어져 나가고, 피부 안쪽에서 새로운 세포가 다시 자라요. 오래된 표피 세포가 떨어져 나온 것이 바로 때예요.

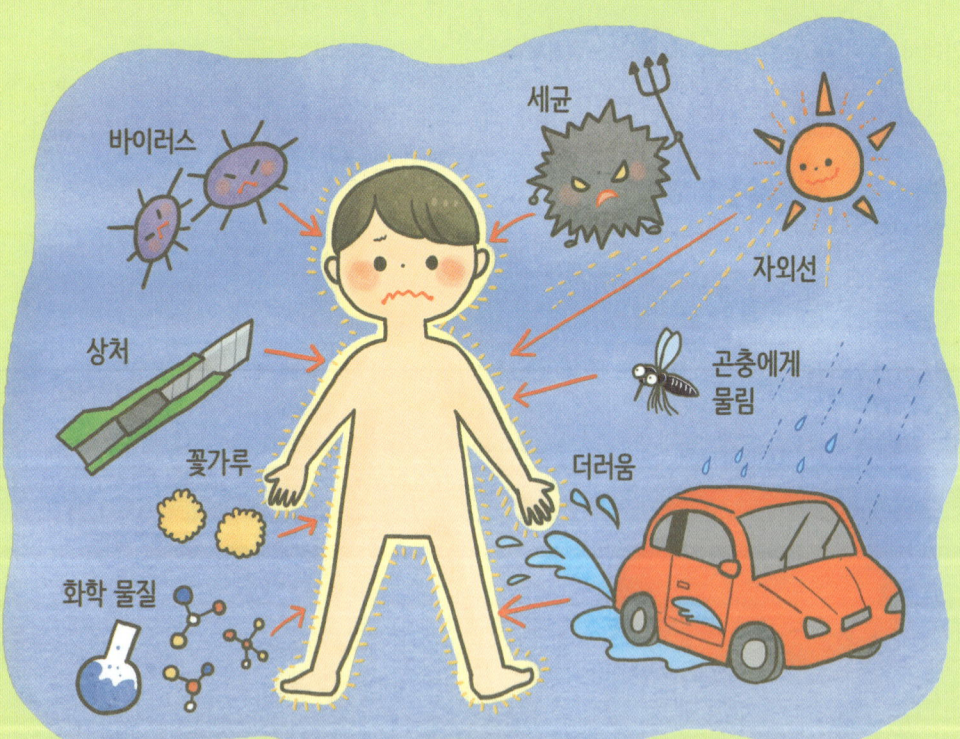

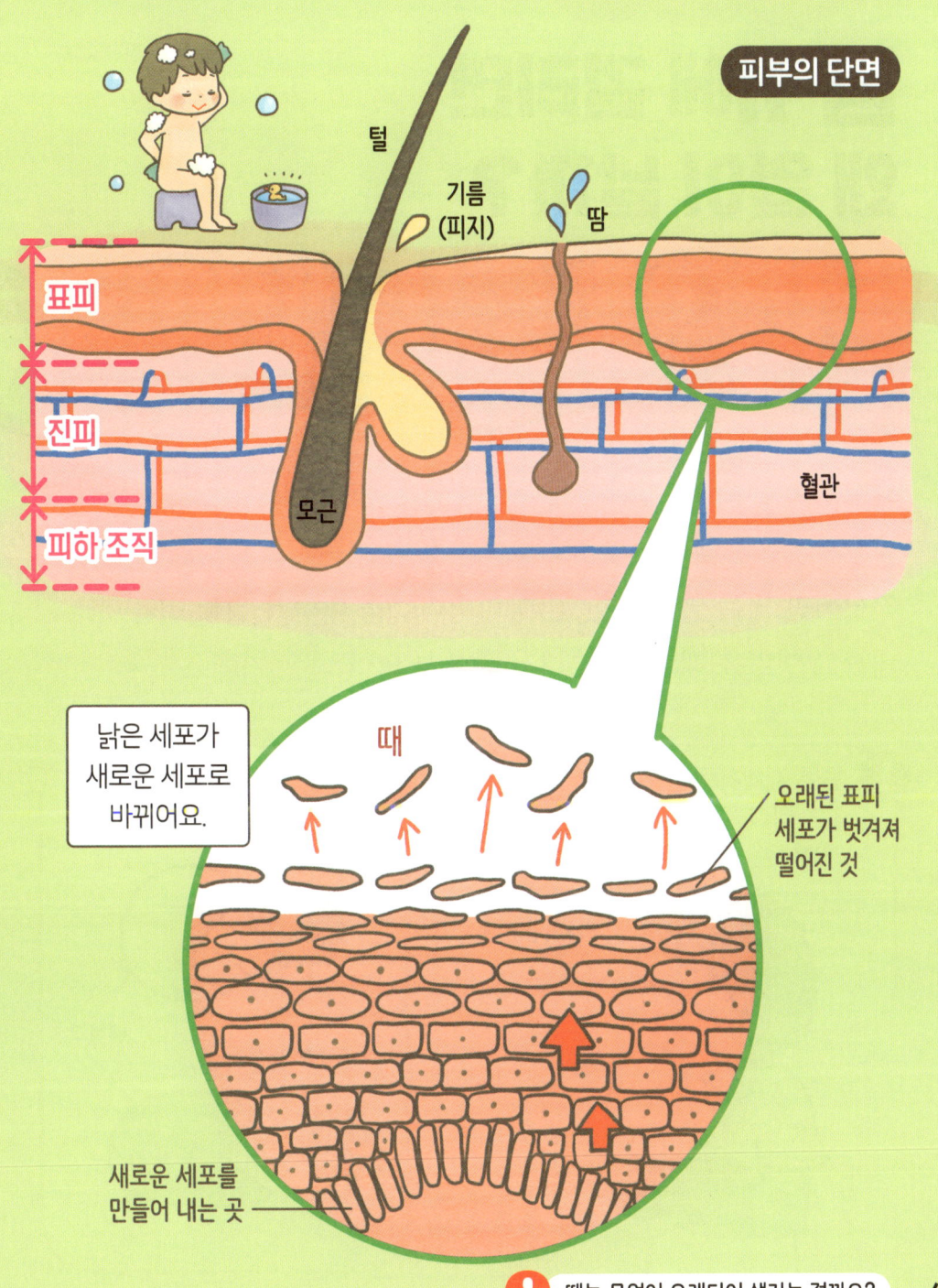

우리 몸에 관한 과학 상식

감기에 걸리면 왜 열이 날까?

열에 약한 감기 바이러스를 물리치기 위해 뇌가 열을 내라고 명령하기 때문이에요.

감기 바이러스가 몸에 들어오면 처음에는 콧물이나 재채기가 나요. 그러면 백혈구가 바이러스와 맞서 싸우지요. 이 일이 뇌에 전달되면 뇌는 열에 약한 감기 바이러스를 내쫓기 위해 열을 내라고 명령을 내려요. 그래서 몸에서 열이 나는 거예요.

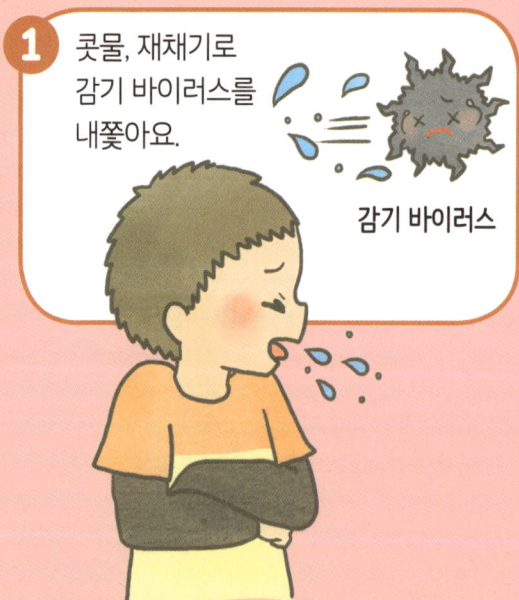

1. 콧물, 재채기로 감기 바이러스를 내쫓아요.
감기 바이러스

2. 백혈구가 잡아먹어요.
잘 먹겠습니다!
백혈구

3 ▶

바이러스와의 싸움을 시작하면 '사이토카인'과 '메디에이터'라는 물질이 힘을 합쳐 뇌에 상황을 알려요. 그러면 뇌에서 몸에 열을 내라고 명령을 내려요.

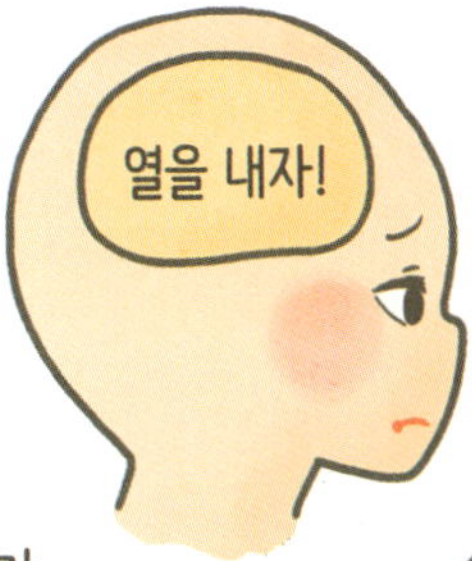

열을 내자!

바이러스가 들어왔어!
메디에이터

사이토카인

열

열로 바이러스를 약하게 만들어요.

4

체온이 높아지면 감기 바이러스가 힘을 잃어 백혈구가 강해져요.

무찔렀어!

항복~

너무 덥다! 후퇴!

❗ 감기 바이러스와 싸우는 세포는 뭘까요?

우리 몸에 관한 과학 상식

멀미는 왜 할까?

눈으로 보는 정보와 몸으로 느끼는 움직임이 달라서 뇌가 혼란을 겪기 때문이에요.

귀 안쪽에 있는 '반고리관'은 몸의 위치나 움직임을 감지해 뇌에 전달해요. 뇌는 반고리관에서 전해 온 정보를 받아 넘어지지 않고 균형을 잡으라고 근육에 명령을 내리지요. 그런데 자동차 같은 탈것에 타면 평소와 다른 흔들림이나 속도를 경험하면서 눈으로 보는 정보와 반고리관에서 느끼는 몸의 움직임이 달라 뇌가 혼란을 겪을 때가 있어요. 그래서 멀미를 하는 거예요.

이럴 때 멀미가 나요

1 파도에 몸이 흔들릴 때
불규칙적으로 계속 흔들리기 때문에 속이 울렁거려요.

2 속도가 급하게 빨라지거나 느려질 때
창문 밖으로 빠르게 지나가는 풍경, 급하게 출발하거나 멈추는 속도 변화 등도 원인이 돼요.

3 흔들림 속에서 책을 읽거나 게임을 할 때
흔들리는 차 안에서 책이나 게임기 등 한곳을 집중해서 보면 속이 울렁거려요.

❗ 귀에서 몸의 위치와 움직임을 감지하는 기관은 무엇일까요?

우리 몸에 관한 과학 상식

꿈은 왜 꿀까?

> 자는 동안에도 뇌의 일부는 계속 활동을 하는데, 다양한 기억의 정보가 이어져 꿈으로 나타나요.

사람은 잠을 자는 동안 '비렘수면'이라는 깊은 잠과 '렘수면'이라는 얕은 잠을 반복해요. 얕은 잠을 잘 때는 뇌의 일부가 활동하면서, 경험했던 일이나 TV 장면의 기억들이 이어져 꿈으로 나타나요. 바라는 일이나 불안한 일이 꿈으로 나타나기도 해요.

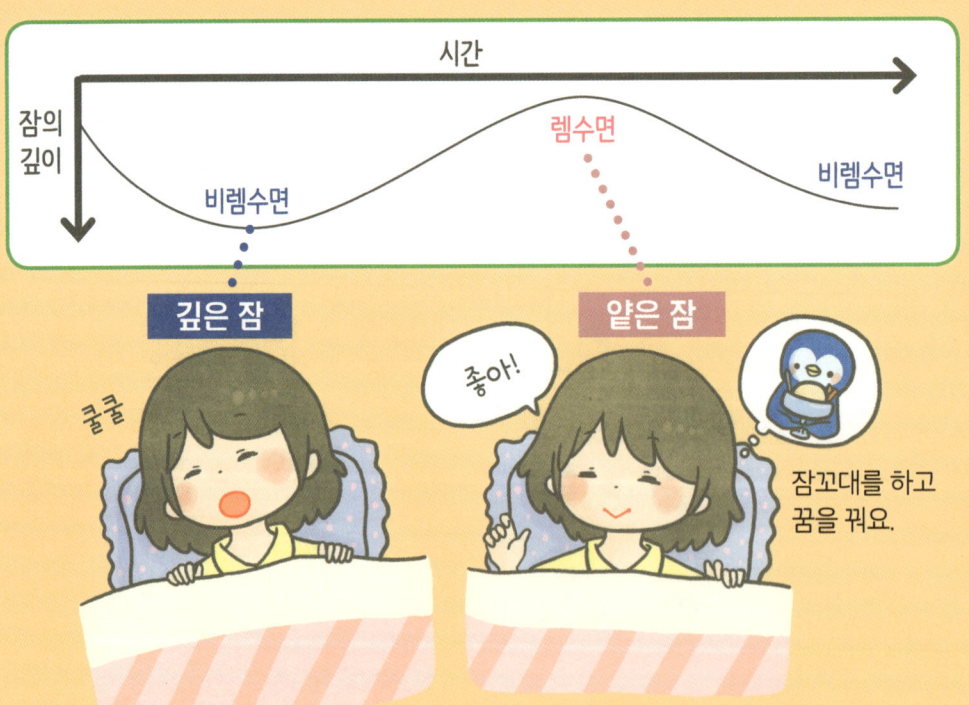

낮에 깨어 있을 때

엄마, 오늘 펭귄과 호랑이에 대해 배웠어요.

자기 전에 앨범을 정리해야지! 이건 귀신의 집에 갔을 때 사진이구나.

내일은 엄마랑 백화점 가는 날이야! 맛있는 아이스크림 먹어야지.

꿈속에서

어? 엄마가 어디 갔지?

꺄악!

이히히~ 엄마 여기 있다~

내가 데려다줄게!

좋아!

아이스크림 먹을래?

렘수면 동안 뇌는 낮에 일어난 일의 기억을 정리하거나 공부했던 내용 등의 기억을 다지기도 해요.

얕은 잠을 무엇이라고 할까요?

우리 몸에 관한 과학 상식

꽃가루 알레르기는 왜 생길까?

몸이 꽃가루에 예민하게 반응하기 때문이에요.

알레르기는 어떤 물질에 지나치게 민감하게 반응하는 것을 말해요. 식물의 꽃가루가 원인이 되어 비염이나 재채기, 발열, 눈물 등이 나오는 것을 꽃가루 알레르기라고 해요.

① 몸에 꽃가루가 들어오면 '림프구'라는 세포가 이들을 나쁜 것이라고 판단해요.

삼나무나 편백나무의 꽃가루

냠냠!

꽃가루가 들어와서 내가 먹어 치웠어.

알았어.

대식 세포
(몸속에 들어온 나쁜 것을 먹는 백혈구의 한 종류)

림프구

❷ 림프구가 꽃가루를 무찌르기 위해 항체를 만들면, 이 항체가 '비만 세포'에 달라붙어요.

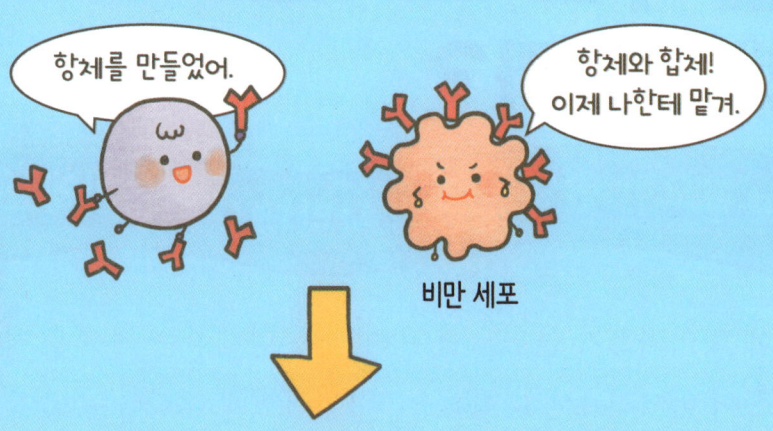

❸ 다시 꽃가루가 들어오면 항체와 결합한 비만 세포가 '히스타민'이라는 물질을 내보내 눈물이나 콧물, 재채기를 나오게 해서 쫓아내요.

꽃가루 알레르기는 꽃가루를 쫓아내려는 방어 반응이지만 몸은 아주 괴로워요.

이것은 무엇일까요?

우리 몸에 관한 과학 상식

음식 알레르기는 왜 생길까?

불필요한 면역 반응이 나타나기 때문이에요.

몸에 바이러스가 들어오면 우리 몸은 항체라는 특수 단백질을 만들어 바이러스에 대항해요. 바이러스에 대항하는 방어 체계를 면역이라고 하지요. 음식 알레르기는 몸에 들어와도 해롭지 않은 음식을 해롭게 여겨 과민하게 반응하는 것을 말해요.

① 림프구가 음식 단백질을 바이러스로 착각하고 항체를 만들어 비만 세포에 전달해요.

② 비만 세포가 항체와 결합해요.

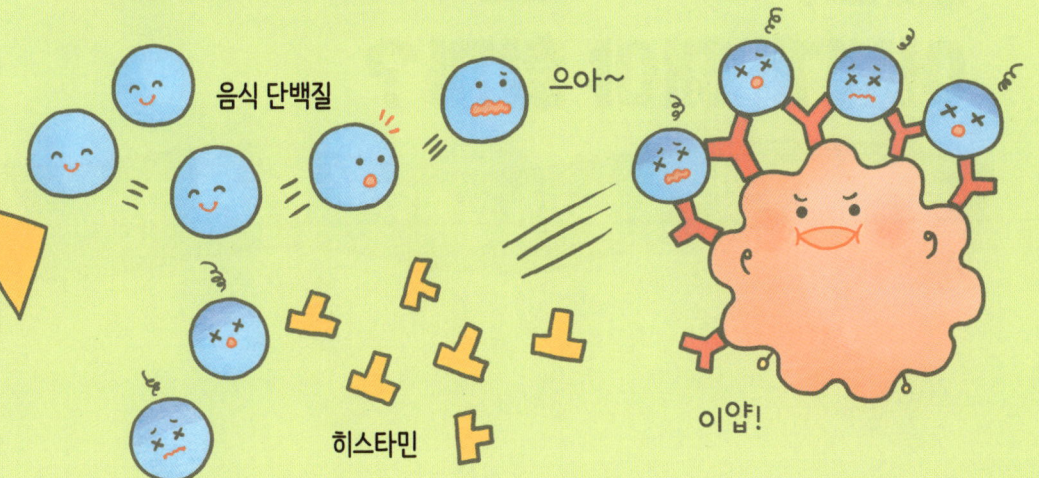

③ 음식 단백질이 들어오면 비만 세포가 '히스타민'이라는 물질을 내보내 단백질을 무찌르려고 해요.

음식 알레르기가 생기면

달걀, 유제품, 밀가루 등 알레르기를 일으키는 음식은 사람마다 달라요. 음식을 가려 먹는 것과는 다른 문제라서 억지로 먹게 하면 안 돼요. 아래와 같은 증상이 나타나면 곧바로 병원에 가야 해요.

알레르기 증상

① **피부**
두드러기, 가려움 등

② **호흡기**
재채기, 기침, 호흡 곤란 등

③ **점막**
눈 속, 입술, 눈꺼풀 등이 붓는 증상

④ **소화기**
복통, 구토 증상

⑤ **아나필락시스**
(과민성 쇼크)
①~④까지 증상이 모두 나타남

이것은 무엇일까요?

우리 몸에 관한 과학 상식

빨리 달리려면 어떻게 해야 할까?

몸을 약간 앞으로 숙이고 팔을 크게 흔들며 달려요.

달리기를 잘하는 다섯 가지 방법을 열심히 연습해 보세요. 분명 달리기 실력이 나아질 거예요!

1 발바닥 앞쪽에 체중을 실어요

엄지발가락과 발바닥이 이어지는 부분에 체중을 실으면 땅을 딛고 나아가는 힘을 더 잘 받을 수 있어요.

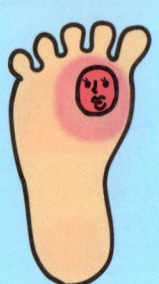

2 몸을 약간 앞으로 숙인 채로 달려요

몸을 뒤고 젖히고 달리면 속도가 나지 않아요. 등을 쭉 펴고 몸을 약간 앞으로 숙인 상태에서 달려요. 시선은 달리는 방향의 앞쪽에 둬요.

3 허리 높이를 일정하게 유지하면서 달려요

허리 높이가 일정하지 않은 상태에서 달리면 속도를 내기 힘들어요. 허리를 일정한 높이로 유지하고 달려요.

4 팔을 크게 흔들어요

팔을 크게 흔들면 보폭도 커지고 속도가 잘 나요. 앞으로 나아가는 에너지가 분산되지 않게, 팔을 몸에 붙이고 앞뒤로 곧게 저어요.

5 균형이 깨지지 않도록 달려요

속도가 붙으면 그 속도를 유지하면서 몸의 균형이 깨지지 않도록 안정된 자세로 달려야 해요. 달리는 방법은 체형이나 체력, 습관 등에 따라 달라지므로 자신에게 맞는 방법을 찾는 게 좋아요.

❗ 빨리 달리려면 시선은 어디에 둬야 할까요?

우리 몸에 관한 과학 상식

무릎을 고무망치로 치면 왜 다리가 올라갈까?

자극이 뇌에 전달되기 전에 몸이 먼저 반응하기 때문이에요.

무릎 아래쪽을 고무망치로 가볍게 툭 치면 다리가 저절로 올라가요. 이것을 '척수 반사'라고 해요. 자극이 주어지면 대부분 뇌에서 판단을 내리는데, 척수 반사는 뇌에서 생각하기 전에 척수 신경이 반사적으로 명령을 내리는 거예요. 갑작스러운 자극으로부터 몸을 보호하려고 그만큼 빠르게 반응하는 거예요.

무릎을 치면 다리가 올라가는 원리

무릎 아래쪽을 두드리면 신경으로 신호가 전달되고 허벅지의 근육이 갑자기 당겨져 늘어나려고 해요. 이를 막기 위해 반사적으로 척수에서 근육을 수축하도록 명령을 내려요.

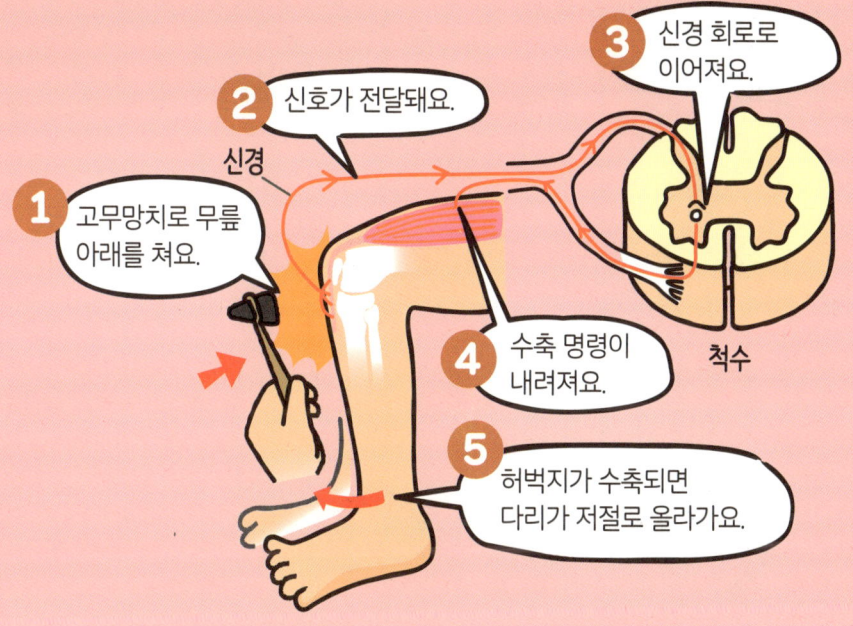

① 고무망치로 무릎 아래를 쳐요.
② 신호가 전달돼요.
신경
③ 신경 회로로 이어져요.
④ 수축 명령이 내려져요.
척수
⑤ 허벅지가 수축되면 다리가 저절로 올라가요.

척수 반사의 예

뜨거운 것을 만졌을 때 반사적으로 손을 떼거나 뾰족한 것을 밟았을 때 반사적으로 발을 떼는 것도 몸을 지키기 위한 척수 반사의 일종이에요.

앗, 뜨거!
코코아
아야!
밤송이

❗ 무릎을 고무망치로 치면 다리가 올라가는 것을 무엇이라고 할까요?

우리 몸에 관한 과학 상식

삐는 게 뭘까?

몸의 일부가 비틀려서 관절의 인대, 힘줄, 연골 등을 다친 상태를 말해요.

우리가 몸을 움직일 수 있는 것은 관절과 근육, 혈관 등이 정상적으로 움직이기 때문이에요. 그런데 비틀리거나 휘거나 하면 삘 수 있어요. 뼈와 뼈를 이어 주는 인대가 늘어나거나 끊어지면 통증이 심하고 주변 혈관이 함께 끊어져 붓기도 해요.

발목을 삐면 당장은 아프지 않아도 나중에 부어오르고 아플 수도 있어요. 많이 붓거나 통증이 심할 때는 병원에 가서 진료를 받아야 해요.

발목이 삐는 경우

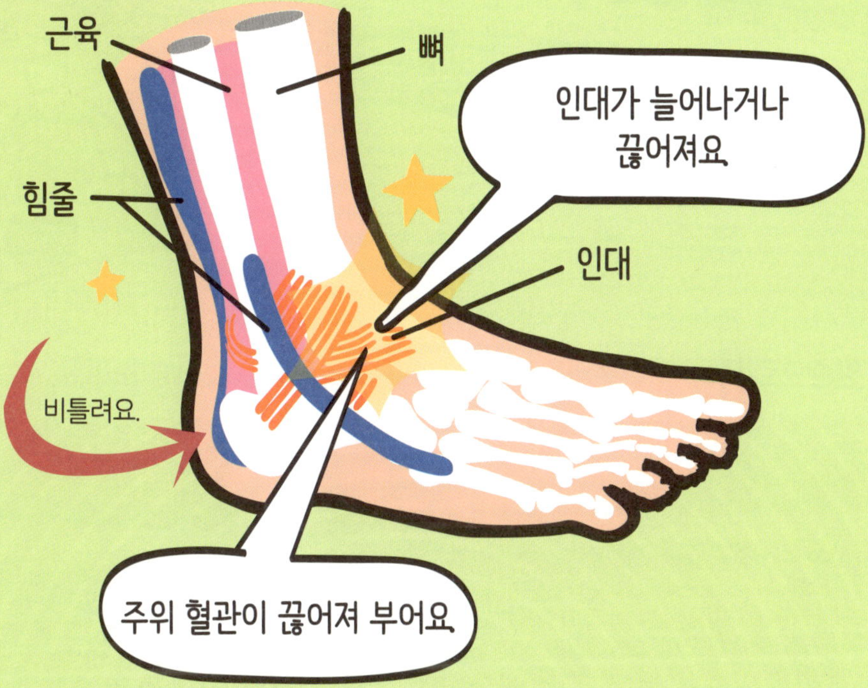

- 근육
- 뼈
- 힘줄
- 인대

인대가 늘어나거나 끊어져요.

비틀려요.

주위 혈관이 끊어져 부어요.

발목을 삐면 어떻게 해야 할까요?

얼음을 대요.
고정시켜요.
시원한 파스

발을 움직이지 말고 붓지 않도록 시원한 파스를 붙이거나 얼음찜질을 해요. 그런 다음 테이프나 붕대로 고정시켜요. 부기가 가라앉으면 따뜻한 파스나 물수건을 대요.

❗ 손목이나 발목을 삐면 맨 처음 무엇을 해야 할까요?

그림이 저절로 빙글빙글 뱅글뱅글

양손으로 책을 들고 돌리면서 보면 그림이 움직이는 것처럼 보여요.

책을 움직이면 그림이 빙글빙글 도는 것처럼 보이지요? 이것은 눈이 일으키는 착각 즉, 착시예요. '트릭아트'라고 불리는 그림도 착시 현상을 이용한 기술이에요.
착시는 눈으로 보는 사물의 모습과 뇌가 인식하는 사물의 모습이 다를 때 나타나는 현상이에요.

그림을 눈에 가까이 댔다 멀리 떼었다 하면 무당벌레 바깥쪽에 있는 원들이 서로 다른 방향으로 도는 것처럼 보여요.

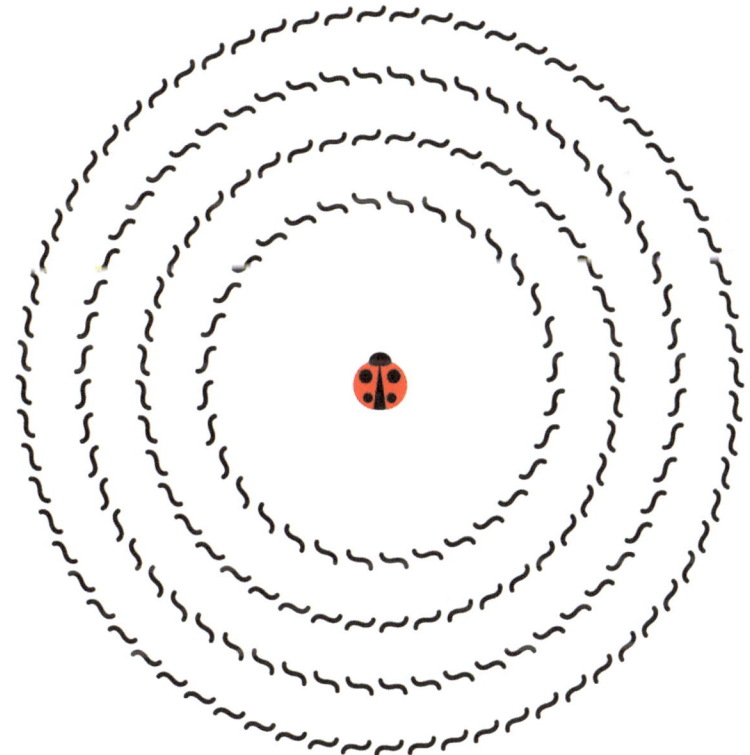

그림 제공 : 미와

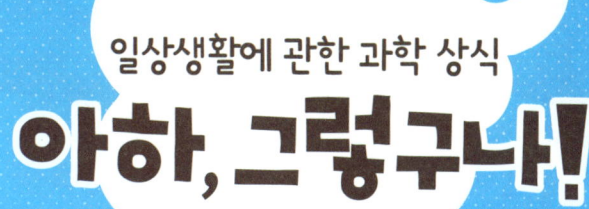

일상생활에 관한 과학 상식

아하, 그렇구나!

일상생활에 관한 과학 상식

휴대 전화의 원리는 무엇일까?

목소리를 전기 신호로 바꾼 다음 주고받아요.

선이 없는데도 휴대 전화를 이용하면 통화를 할 수 있는 것은 전파가 목소리를 전달해 주기 때문이에요. 주고받은 말은 전파와 광케이블 같은 선을 통해 멀리까지 전해져요.

① 휴대 전화가 목소리를 전기 신호로 바꿔요.

② 신호를 전파에 태워 가까운 기지국으로 보내요.

③ 휴대 전화로부터 신호를 받은 기지국은 광케이블을 이용해 상대방이 있는 곳과 가장 가까운 기지국으로 신호를 보내요.

기지국이 뭐예요?

기지국은 휴대 전화의 전파 신호를 주고받는 곳이에요. 기지국과 기지국은 광케이블 같은 두꺼운 선으로 이어져 있어서 매우 빠른 속도로 신호로 주고받을 수 있지요. 전국 곳곳에 수많은 기지국이 세워져 있어서 어디에서나 통화를 할 수 있어요.

④ 상대방 근처에 있는 기지국은 받은 신호를 전파에 태워 상대방의 휴대 전화로 보내요.

최근에는 기지국과 기지국을 선 없이 무선으로 연결하는 장비도 개발되고 있어요.

⑤ 상대방의 휴대 전화는 받은 신호를 소리로 바꿔요. 이런 많은 일들이 순식간에 이루어지면서 통화가 가능해져요.

❗ 휴대 전화는 목소리를 무엇으로 바꿀까요?

일상생활에 관한 과학 상식

전자레인지는 어떻게 음식을 데울까?

음식의 물 분자가 서로 부딪히면서 음식이 데워져요.

전자레인지를 작동시키면 마이크로파라는 전자기파가 만들어져요. 마이크로파가 음식물에 닿으면 음식물 안에 있는 물 분자가 서로 부딪히는데, 이 마찰로 인해 열이 발생해요. 시간이 지날수록 음식물이 뜨겁게 데워지지요.

전자레인지의 구조

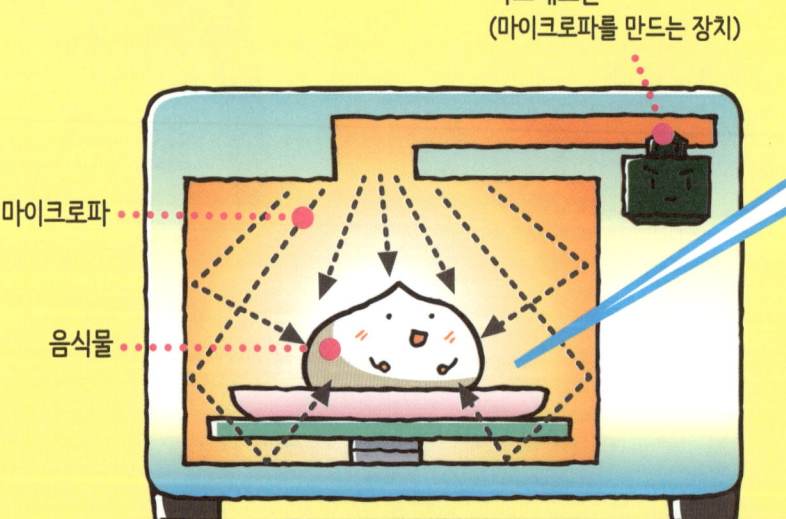

마그네트론 (마이크로파를 만드는 장치)

마이크로파

음식물

마이크로파가 닿기 전의 물 분자 모습

각자 다른 방향을 향하고 있어요.

마이크로파에 닿았을 때 물 분자 모습

마이크로파로 인해 물 분자가 진동하며 매우 빠른 속도로 회전하면서 서로 부딪혀요.

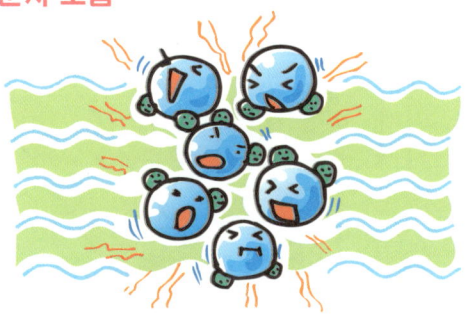

전자레인지에 얼음을 넣으면

얼음은 전자레인지에 넣고 돌려도 물처럼 빨리 데워지지 않아요. 물은 액체 상태라 물 분자가 따로따로 있지만 얼음은 고체 상태라서 물 분자가 단단히 결합되어 있어요. 그래서 마이크로파에 닿아도 진동이 생기지 않아 데워지지 않아요.

▼ 물 분자 모습

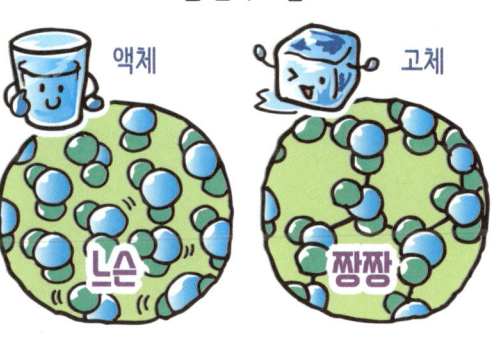

❗ 전자레인지 안에서 발생하는 전자기파를 무엇이라고 할까요?

일상생활에 관한 과학 상식

수성펜과 유성펜은 어떻게 다를까?

사용하는 잉크의 종류가 달라요.

수성펜

색소를 물에 녹인 잉크를 사용해요.

수성펜의 특성
- 잉크가 찐득거리지 않아요.
- 냄새가 없어요.
- 종이 뒷면에 배어들지 않아요.
- 물에 잘 녹아요.

수성 잉크가 마르는 과정

잉크 속의 물이 공기 속으로 증발하고 남은 색소가 굳어요.

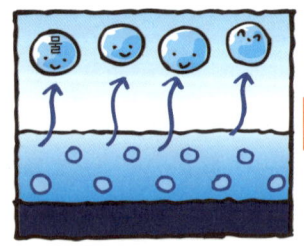 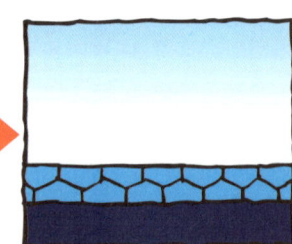

90

수성펜에는 색의 원료가 되는 색소를 물에 녹인 잉크가 들어 있어요. 물은 잘 퍼지기 때문에 유리처럼 반들반들한 면에 글씨를 쓰면 금방 지워지고 말아요. 하지만 유성펜에는 색소를 '유기 용매'라는 액체에 녹인 잉크가 들어 있어요. 끈적하고 빨리 마르기 때문에 유리같이 반들반들한 면에도 잘 써져요.

유성펜

색소를 기름과 잘 섞이는 유기 용매에 녹인 잉크를 사용해요.

유성펜의 특성

- 잉크가 끈적끈적해요.
- 물로 닦아도 잘 닦이지 않아요.
- 유리같이 반들반들한 면에도 잘 써져요.
- 색이 선명해요.

유성 잉크가 마르는 과정

유기 용매는 증발하고 색소와 공기 중의 산소가 결합해 그물과 같은 형태로 넓어지며 굳어요.

수성펜에 쓰이는 잉크는 색소를 어디에 녹일까요?

자료 제공 : 주식회사 아사히펜

일상생활에 관한 과학 상식

유리구슬은 어떻게 만들까?

뜨거운 열에 녹여 흐물흐물해진 유리로 만들어요.

1
유리구슬의 원료가 되는 빈 병 등을 잘게 부숴 녹여요.

플런저 속에는 유리구슬에 모양과 색을 넣기 위해 녹인 색유리가 들어 있어요.

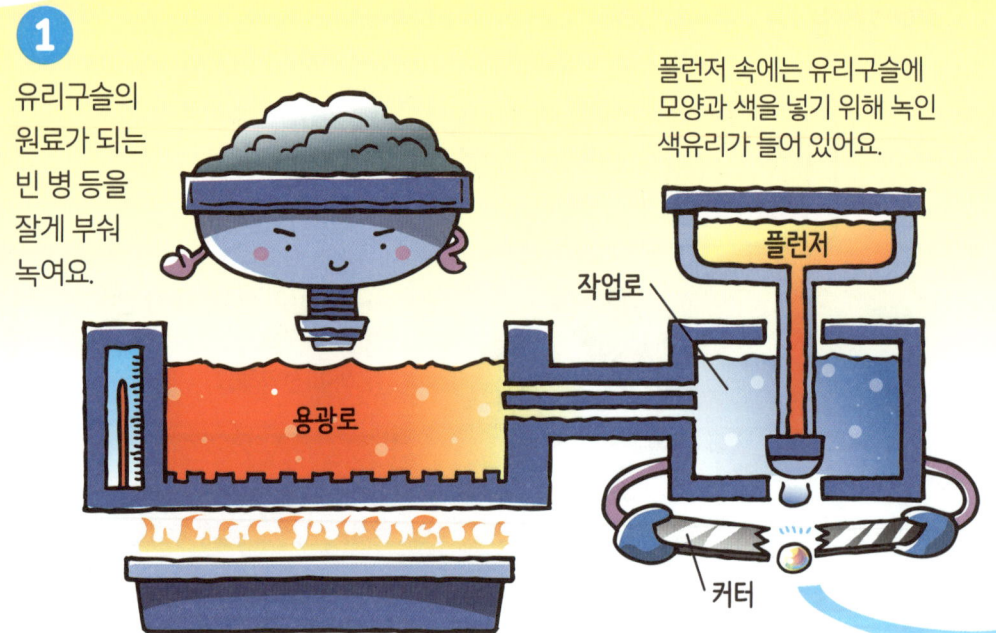

2
10시간 정도 녹여 흐물흐물해진 유리 반죽을 천천히 작업로로 이동시켜요.

3
녹은 유리는 작업로의 구멍에서 원통 모양으로 천천히 흘러나와요. 그것을 커터로 잘라요.

유리구슬은 빈 병이나 컵 등을 잘게 부순 유리 조각으로 만들어요. 전용 용광로에서 1,200~1,400도의 열을 가해 흐물흐물하게 될 때까지 녹여요. 그런 다음 정해진 크기에 맞춰 공업용 커터로 자르고 뜨거울 때 회전하는 롤러 위에서 굴려 모양을 잡아요. 둥글게 모양이 잡히면 유리구슬이 완성돼요.

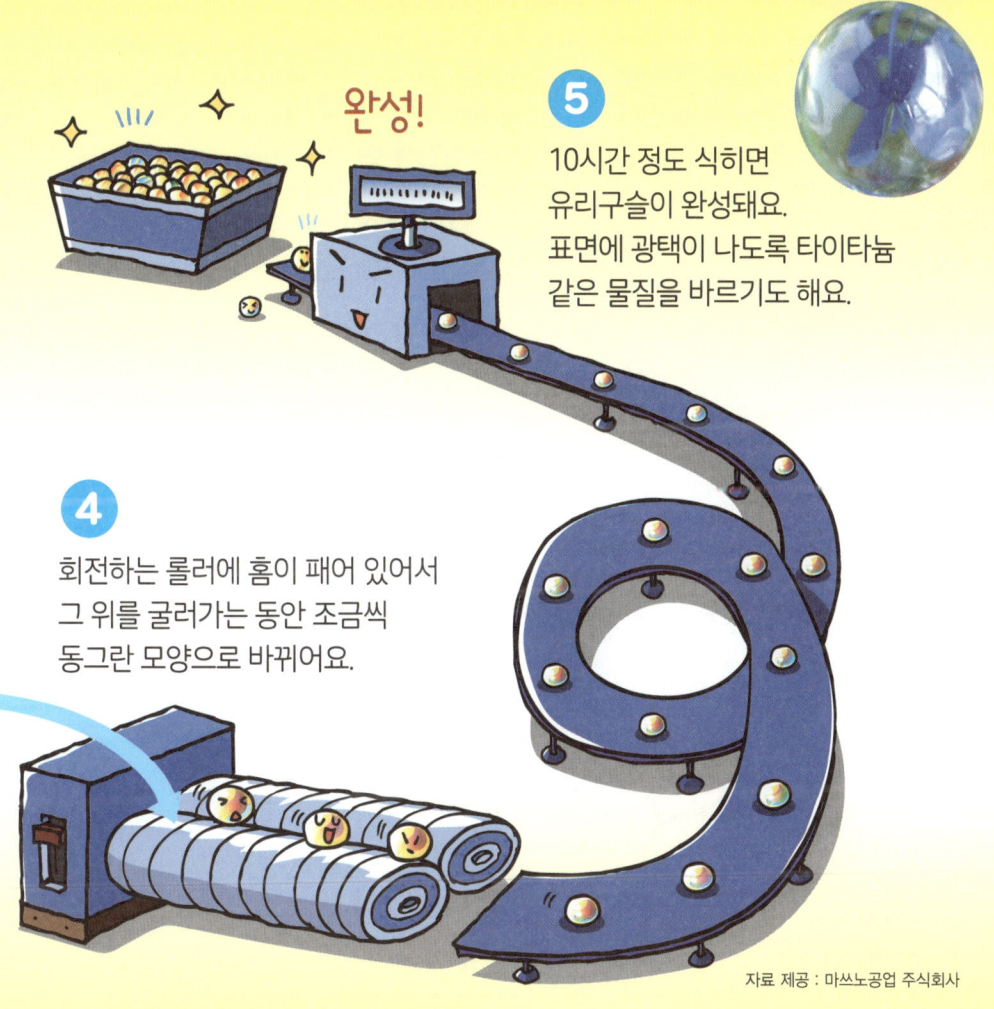

❺ 10시간 정도 식히면 유리구슬이 완성돼요. 표면에 광택이 나도록 타이타늄 같은 물질을 바르기도 해요.

❹ 회전하는 롤러에 홈이 패어 있어서 그 위를 굴러가는 동안 조금씩 동그란 모양으로 바뀌어요.

자료 제공 : 마쓰노공업 주식회사

❗ 유리구슬의 원료는 무엇을 잘게 부순 것일까요?

일상생활에 관한 과학 상식

야구공에는 왜 실밥 자국이 있을까?

공을 쥐기 쉽고 회전이 잘되게 하기 위해서예요.

야구공은 코르크나 고무 등으로 심을 만들고 그 위에 실을 감아 공 모양을 잡아요. 그런 다음 소가죽 두 장을 겹쳐 감싸고, 맞닿는 부분을 실로 꿰매서 만들어요. 공이 회전하는 모습이 잘 보이도록 대개 붉은색 실을 써요.

야구공 만드는 방법

1. 코르크나 고무로 만든 공의 심은 탁구공보다 작아요.
2. 털실이나 면실을 감아 공의 크기를 잡아요.
3. 소가죽 두 장으로 공을 감싼 다음 붉은색 실로 꿰매요.
4. 완성된 공의 무게는 140~150그램이고, 둘레는 약 23센티미터예요.

소가죽

실밥 자국이 있으면 좋은 점

1. 공을 단단히 쥘 수 있어요
공을 쥐었을 때 손가락이 미끄러지지 않게 단단히 잡을 수 있어요.

잡기 쉽다!

2. 변화구를 던지기 쉬워요
공의 회전을 조절하기가 쉬워서 투수는 이 점을 이용해 변화구를 던질 수 있어요.

- **공에 회전을 주면**
공 주변의 공기 흐름에 차이가 생겨요. 공이 공기의 흐름이 빠른 쪽으로 휘어져요.

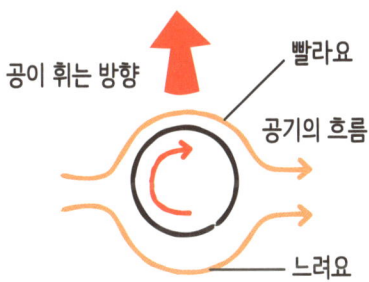

공이 휘는 방향 / 빨라요 / 공기의 흐름 / 느려요
⇦ 공이 나아가는 방향

- **공에 회전을 주지 않으면**
공 뒤쪽의 공기 흐름이 불규칙해져 공이 휘청거리기 때문에 공을 치기 어려워요.

공기의 흐름
⇦ 공이 나아가는 방향

❗ 야구공의 심은 무엇으로 만들까요?

일상생활에 관한 과학 상식

비누로 씻으면 왜 깨끗하게 지워질까?

비누가 물과 기름을 섞어 주기 때문이에요.

옷이나 몸에 묻은 때에는 대부분 기름기가 있어요. 물과 기름은 잘 섞이지 않아서 그냥 물에 빨면 때가 빠지지 않아요. 그런데 비누를 쓰면 비누에 들어 있는 계면 활성제가 물과 기름을 섞어 줘서 기름때가 물에 녹아 나와요.

기름때를 감싸 안아야지~

거품

물과 섞이는 부분
기름과 섞이는 부분
50만분의 1밀리미터

기름

때를 벗겨 내는 일은 물과 기름을 섞는 계면 활성제가 맡아요.

비누가 때를 없애는 과정

비누칠을 하면 섬유 속에 낀 기름때에 물과 기름을 섞어 주는 계면 활성제가 들러붙어요.

기름과 잘 섞이는 부분은 때 쪽으로 가고 물과 잘 섞이는 부분은 물 쪽으로 가요.

섬유의 틈까지 들어가 때를 감싸 안아요. 때가 물과 섞여 조금씩 섬유에서 떨어져요.

한번 떨어진 때는 다시 섬유에 들러붙지 않기 때문에 물로 헹구면 깨끗이 없어져요.

일상생활에 관한 과학 상식

고무는 왜 늘어났다 줄어들었다 할까?

긴 끈처럼 생긴 분자가 결합되어 있기 때문이에요.

고무를 이루는 분자는 기다란 끈 모양이에요. 고무는 이런 분자가 수없이 모여 엉켜 있는 것이지요. 여기에 황을 첨가하면 분자와 분자 사이를 더 단단히 결합시켜 줘요. 그래서 고무는 늘어나도 금방 원래 모양으로 돌아가요.

고무가 늘어나는 모습

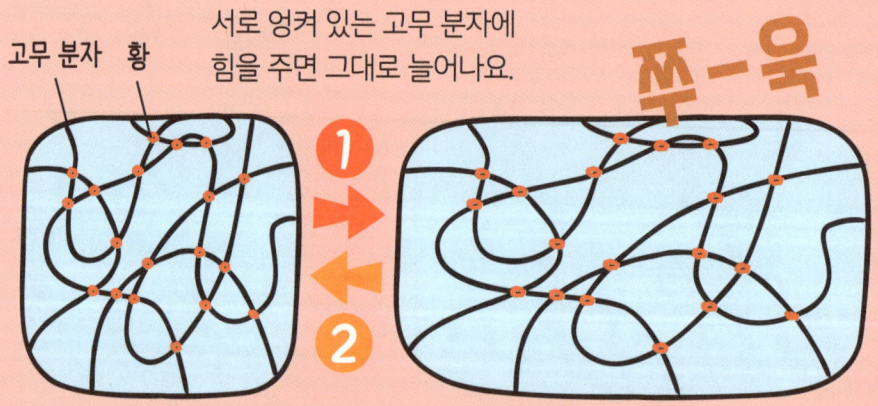

분자끼리 결합된 힘이 강하기 때문에 손을 떼면 금방 원래 모양으로 돌아가요.

고무의 원료는 무엇일까요?

파라고무나무
높이는 25~30미터로 심은 뒤 7년이 지나면 유액을 뽑을 수 있어요.

줄기의 껍질을 벗겨 유액을 뽑아요.

유액

고무는 남아메리카의 아마존이 원산지인 파라고무나무의 유액을 굳혀 만들어요. 타이어나 호스 등 일상생활에 필요한 물건을 만드는 데 쓰이는 중요한 원료예요.

호스
타이어
장화
고무장갑

고무에 황을 첨가하면

천연고무에 황을 첨가하면 수축과 팽창하는 힘이 커져요. 1839년에 미국의 찰스 굿이어가 이 사실을 발견한 뒤로 다양한 고무 제품이 많이 나오기 시작했어요.

얏!

❗ 고무에 무엇을 첨가하면 수축과 팽창하는 힘이 커질까요?

일상생활에 관한 과학 상식

롤러코스터를 타면 왜 떨어지지 않을까?

롤러코스터를 바깥쪽으로 미는 힘이 작용해서예요.

롤러코스터는 시속 100킬로미터를 넘는 엄청난 속도로 레일 위를 달려요. 이렇게 엄청난 속도로 달리는 롤러코스터가 360도 회전을 해도 롤러코스터에 타고 있는 사람들이 떨어지지 않는 것은 중심에서 바깥쪽으로 나아가려고 하는 힘, 즉 '원심력'이 작용하기 때문이에요.

원심력

중력보다 큰 원심력이 작용하기 때문에 떨어지지 않아요.

으악!

중력

롤러코스터에 타고 있는 사람에게는 아래로 향하려는 힘, 중력이 작용해요.

원심력을 체험해 볼까요?

양동이에 물을 조금 담고 원을 크게 그리며 돌려요. 천천히 돌리면 물이 쏟아지지만 빨리 돌리면 쏟아지지 않아요. 원심력이 작용하여 양동이 속에 든 물이 바깥쪽으로 나아가려고 하기 때문이에요.

일상생활 속의 원심력

우산을 펴서 빙글빙글 돌리면 빗물이 바깥쪽으로 떨어져요.

세탁기에서 탈수가 끝난 뒤 뚜껑을 열어 보면 빨래가 벽 쪽에 붙어 있어요.

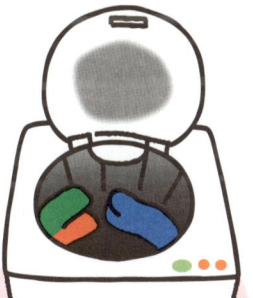

포환던지기 선수는 몸을 빙글빙글 돌려 포환을 던져요. 속도를 높일수록 밖을 향해 나아가는 힘이 커져서 포환이 더 멀리 날아가요.

❗ 물체가 회전할 때 중심에서 바깥으로 나아가려는 힘은 무엇일까요?

일상생활에 관한 과학 상식

리코더에서는 어떻게 소리가 날까?

리코더 안의 공기가 울려 소리가 나요.

소리는 물체가 떨리고 공기에 진동이 전해져서 우리 귀에 들리는 거예요. 리코더같이 통처럼 생긴 악기 안에서는 공기 기둥이 만들어져요. 리코더를 입에 대고 불면 공기 기둥이 울리면서 소리가 나는데, 공기 기둥의 길이에 따라 소리의 높낮이가 달라져요.

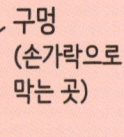

마우스피스 (부는 곳)

구멍 (손가락으로 막는 곳)

중간관

리코더 속 공기 기둥이 울리면서 소리가 나요.

아랫관

관

실로폰도 건반 아래에 있는 관이 울리면서 소리가 나요.

공기 기둥과 음높이

손가락으로 막는 구멍의 위치를 바꾸면 공기 기둥의 길이가 달라져요. 그래서 음높이를 조절할 수 있어요.

- **양손으로 구멍을 막았을 때**
  구멍을 모두 막으면 공기 기둥이 길어져 긴 파장이 생기고 그 때문에 낮은음이 나요.

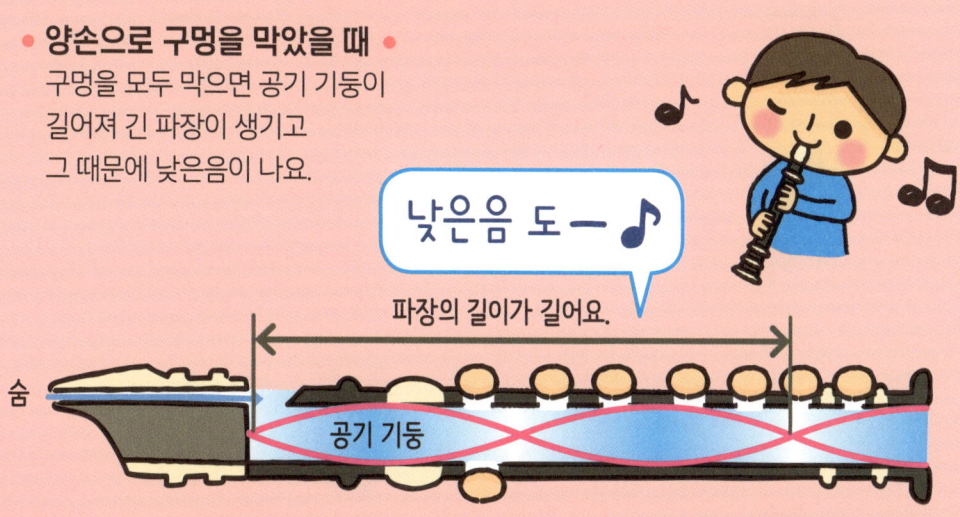

- **한 손으로 구멍을 막았을 때**
  구멍을 모두 막지 않으면 공기 기둥이 짧아져 짧은 파장이 생기고 그 때문에 높은음이 나요.

❗ 리코더에서 낮은음을 내려면 구멍을 어떻게 해야 할까요?

일상생활에 관한 과학 상식

애니메이션은 어떻게 만들까?

그림을 연속적으로 보면 움직이는 것처럼 보여요.

애니메이션은 동작이나 모양이 조금씩 다른 그림을 스치듯 연결해 마치 움직이는 것처럼 보이게 하는 거예요. 그림이 바뀌어도 바로 앞에 본 그림이 머릿속에 남아 있기 때문이에요. 이런 현상을 잔상이라고 하는데, 이 같은 눈의 착각 때문에 애니메이션을 보면 실제로 움직이는 것처럼 보여요.

각각 다른 그림을 연결해서 보면 움직이는 것 같아!

실험 | 종이 접시로 애니메이션 만들기

준비물

 종이 접시 1개
 압정 1개
나무젓가락 1개

펜
 가위

1
종이 접시를 뒤집어 가장자리를 검게 칠해요.

2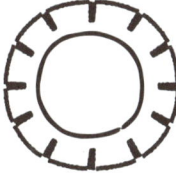
종이 접시 가장자리에 가위로 칼집을 12개 내요. 칼집의 폭은 3~5밀리미터로 일정하게 해요.

3
칼집 사이사이에 조금씩 다른 그림을 12개 그려 넣어요.

4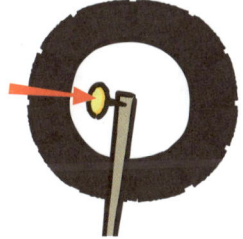
종이 접시 한가운데에 나무젓가락 끝을 대고 압정으로 고정시켜요.

5
그림이 있는 면이 거울에 보이게 한 손으로 나무젓가락을 들고 서요. 종이 접시를 힘차게 돌리면서 칼집 사이로 거울을 들여다보면 종이 접시 속 그림이 움직이는 것처럼 보여요.

⚠ 가위나 압정을 만질 때는 다치지 않게 조심하세요.

❗ 애니메이션 그림 견본은 106쪽에

▲ 종이 접시로 만드는 애니메이션 그림 견본이에요. 확대 복사해서 사용하세요. 만드는 방법은 105쪽에 있어요.

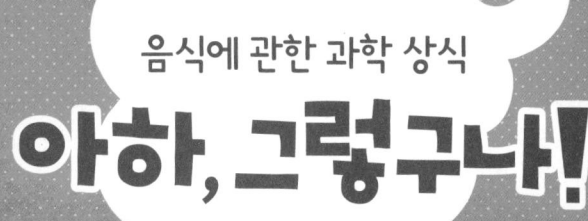

음식에 관한 과학 상식
아하, 그렇구나!

음식에 관한 과학 상식

채소는 어느 부분을 먹을까?

채소의 종류에 따라 먹는 부분이 달라요.

뿌리를 먹거나 열매를 먹거나 줄기를 먹는 등 다양한 부분을 먹어요.

뿌리를 먹는 채소

덩이뿌리를 먹어요.

고구마, 우엉, 마, 순무, 당근, 무

줄기를 먹는 채소

죽순

아스파라거스

감자

덩이줄기를 먹어요.

토란

생강

연근

연근은 어떻게 자랄까요?

연근은 연꽃 아래 생기는 줄기인데 물속에서 자라요. 연근 구멍은 공기가 드나드는 통로예요. 물 위의 잎이나 줄기와 이어져 있어요.

연근

뒤쪽에 계속

채소는 어느 부분을 먹을까?

꽃이나 **꽃봉오리**를 먹는 채소

무화과

양하

무화과가 열린 모습

꽃봉오리를 먹어요.

알갱이 하나하나가 꽃이에요.

브로콜리

콜리플라워

콜리플라워가 열린 모습

잎을 먹는 채소

열매를 먹는 채소

씨앗을 먹는 채소

! 감자는 어느 부분을 먹을까요?

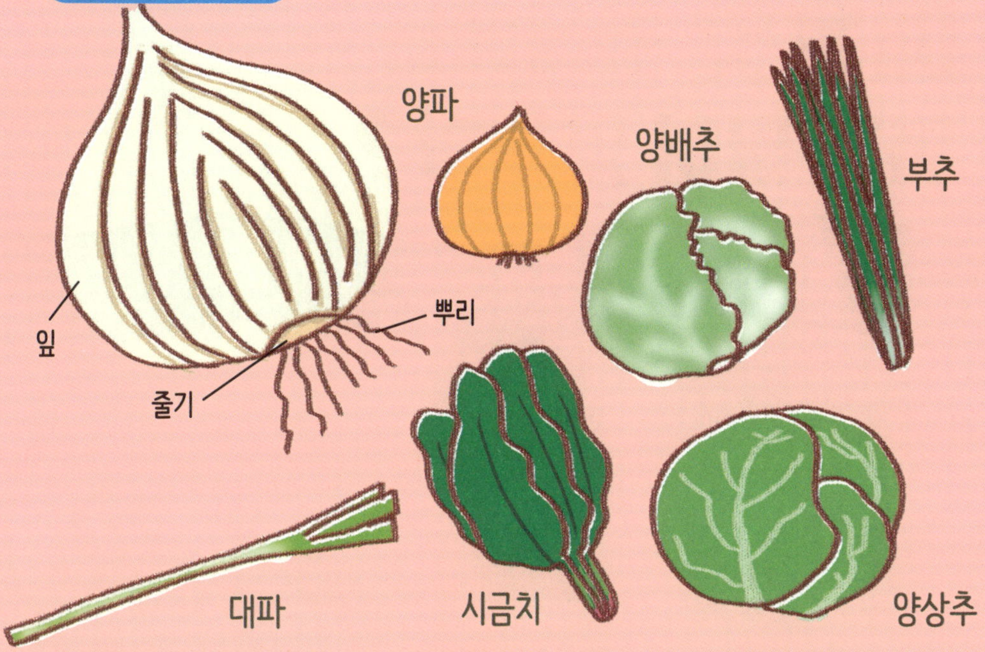

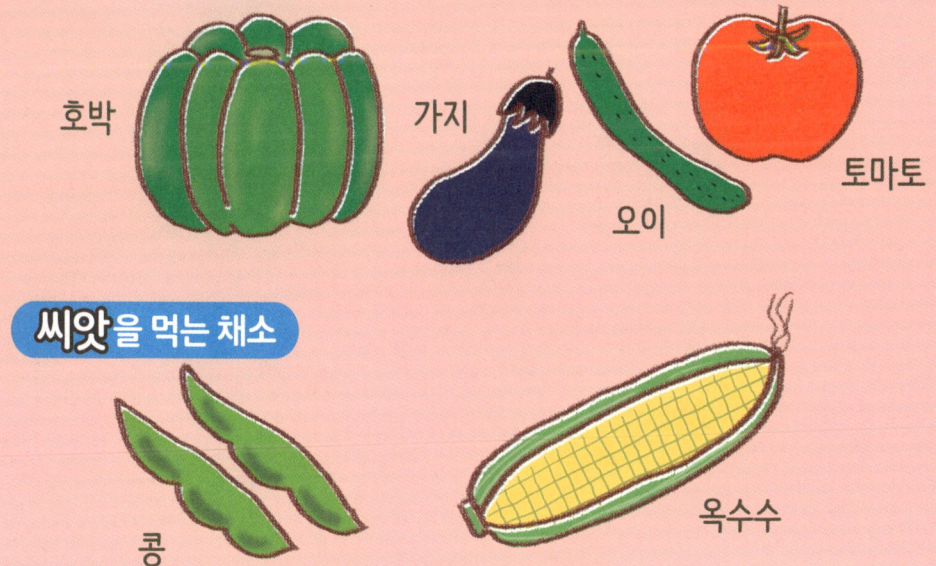

음식에 관한 과학 상식

매운맛 카레에는 뭐가 들어 있을까?

매운맛을 내는 여러 가지 성분이 들어 있어요.

카레의 매운맛은 주로 고추에 들어 있는 '캡사이신'이라는 성분과 후추에 들어 있는 '피페린', 생강에 많이 들어 있는 '생강올' 등이 내요.

고추

후추

향을 내는 성분

커민

시나몬

카다몬

❗ 고추에 들어 있는 매운 성분은 뭘까요?

다섯 가지 맛

맛에는 단맛, 짠맛, 신맛, 쓴맛, 감칠맛의 다섯 가지 기본적인 맛이 있어요. 하지만 매운맛은 기본적인 맛에 들어가지 않아요. 매운맛은 피부에서 느끼는 감각과 같아요. 혀가 얼얼하게 아픔을 느끼는 통증이 매운맛이에요.

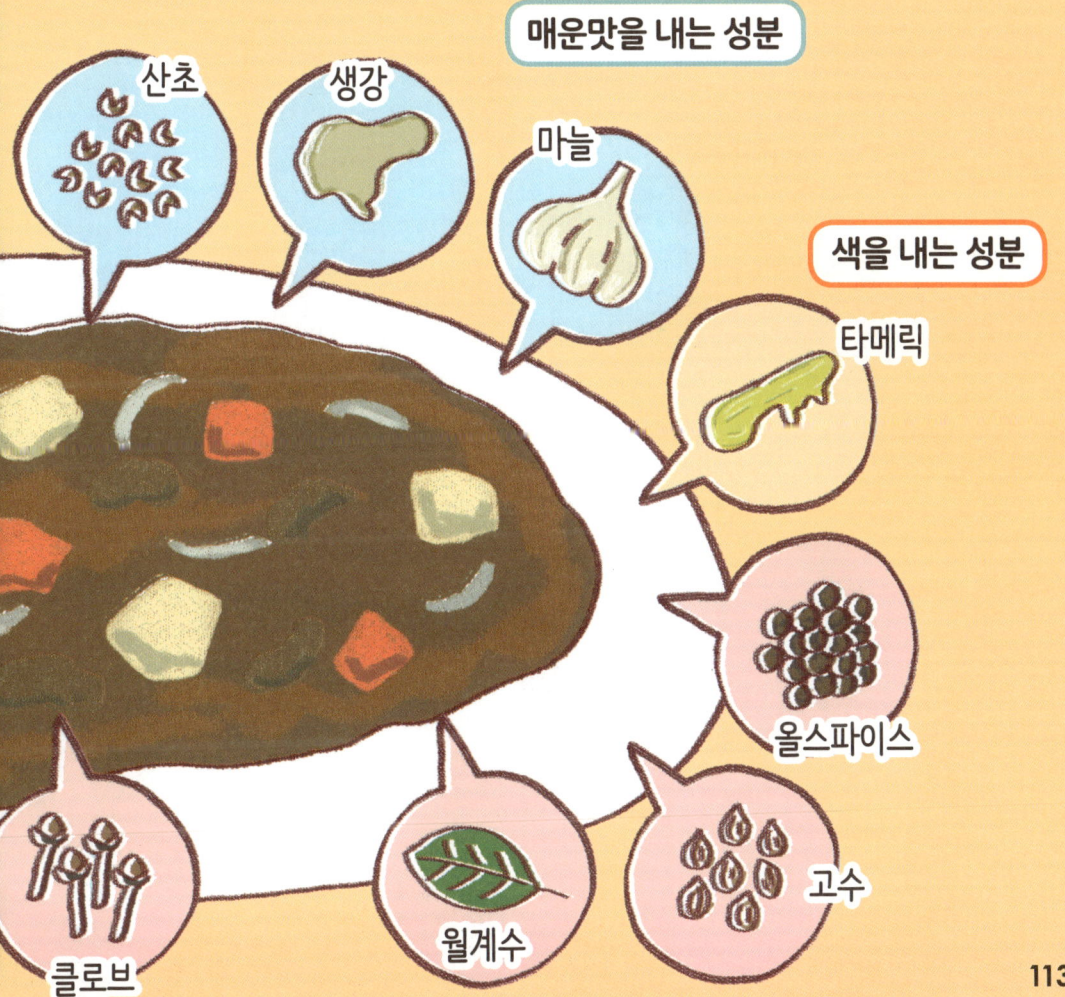

음식에 관한 과학 상식

코코넛 워터는 뭘까?

야자나무 열매에 들어 있는 즙이에요.

코코넛은 동남아시아에서 많이 자라는 코코스야자라는 나무의 열매예요. 열매 안에는 단맛이 나는 액체가 들어 있어요. 야자나무의 배젖으로 열매가 싹을 틔울 때 양분으로 쓰여요.

코코넛 워터
코코넛 안에 들어 있는 액체예요.
주스로 마셔요.

코코넛 속살로 요리할 때 쓰는 코코넛 밀크나 코코넛 오일 등을 만들어요. 커피용 밀크, 비누, 화장수 등을 만들 때도 이용해요.

커피용 밀크

비누

화장수

코코넛 오일   코코넛 밀크

코코넛 속살
코코넛이 익을수록 액체가 바깥쪽에 스며들어 하얗게 굳은 거예요.

껍질로는 그릇이나 악기를 만들고 껍질에 붙은 섬유로 끈을 만들기도 해요. 동남아시아 등지에서 야자나무는 생활에 꼭 필요한 식물이에요.

악기   그릇   끈

껍질
야자수액과 속살을 감싸는 딱딱한 부분이에요.

❗ 코코넛 안에 든 액체는 무엇일까요?

음식에 관한 과학 상식

곤약은 어떤 음식일까?

곤약은 구약나물의 알줄기를 갈아서 만들어요. 쫀득하게 씹히는 맛이 독특한 음식이에요.

곤약은 구약나물이라는 식물로 만들어요.
구약나물의 알줄기를 갈아서 굳히면 곤약이 되지요.

▼ 구약나물의 알줄기

▲ 구약나물

식물이었어?

곤약은 말캉말캉한 식감이 아주 뛰어난 음식이에요. 곤약의 주요 성분은 '글루코만난'이에요. 글루코만난을 물에 녹이면 풀처럼 끈적끈적해져요. 여기에 수산화 칼슘을 넣으면 글루코만난이 수분을 머금은 채 굳는데, 그러면 말랑말랑한 곤약이 만들어지지요.

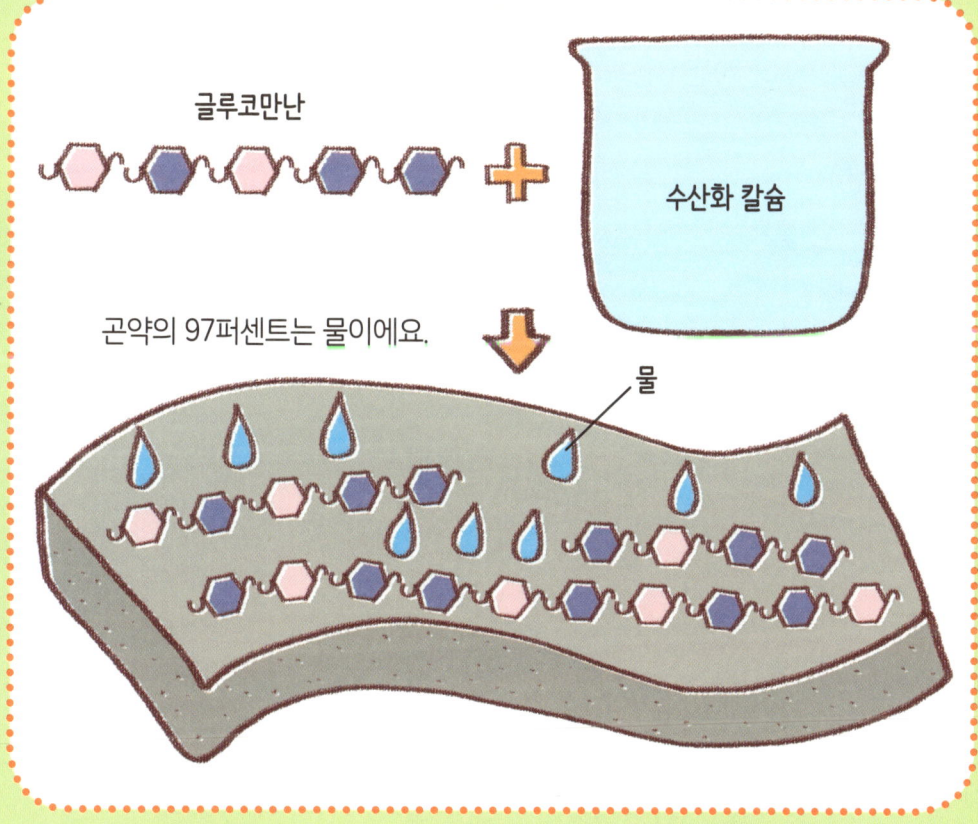

곤약은 구약나물의 어느 부분으로 만들까요?

음식에 관한 과학 상식

양파를 썰면 왜 눈물이 날까?

양파 세포가 파괴되면서 눈물샘을 자극하는 물질이 나오기 때문이에요.

양파를 썰면 양파의 세포가 파괴되면서 세포 안에 있던 알리이나아제가 아미노산을 분해해요.

알리이나아제

아미노산이 알리신으로 바뀌어요.

아미노산

양파

이때 눈과 코를 자극하는 알리신이라는 물질이 나와 공기 중에 퍼지면서 눈이나 코로 들어가요. 그러면 뇌가 그것을 감지하고 몸으로 들어오지 못하도록 눈물을 내보내라는 명령을 내려요.

눈물이 안 나게 하려면

세포가 덜 파괴되면 알리신도 덜 만들어지고 눈물도 덜 나와요. 아주 잘 드는 칼로 양파를 단번에 썰면 세포가 덜 파괴될 거예요. 또 양파를 냉장고에 보관해 차갑게 한 다음에 썰면 알리신이 공기 중에 덜 퍼지기 때문에 눈물이 나는 것을 줄일 수 있어요.

눈물이 나게 하는 성분은 뭘까요?

음식에 관한 과학 상식

도넛에는 왜 구멍이 있을까?

열이 고르게 잘 전달되게 하려고 구멍을 내요.

① 옛날에는 도넛에 구멍을 뚫지 않았어요.

② 앗! 속이 안 익었네.

③ 이러면 어떨까?

④ Good!

도넛은 가운데가 뻥 뚫려 있는 고리 모양 음식이에요.
가운데 구멍을 내면 구멍이 없을 때보다 도넛 가운데 부분에
열이 빨리 전달되어 도넛이 골고루 잘 익어요.

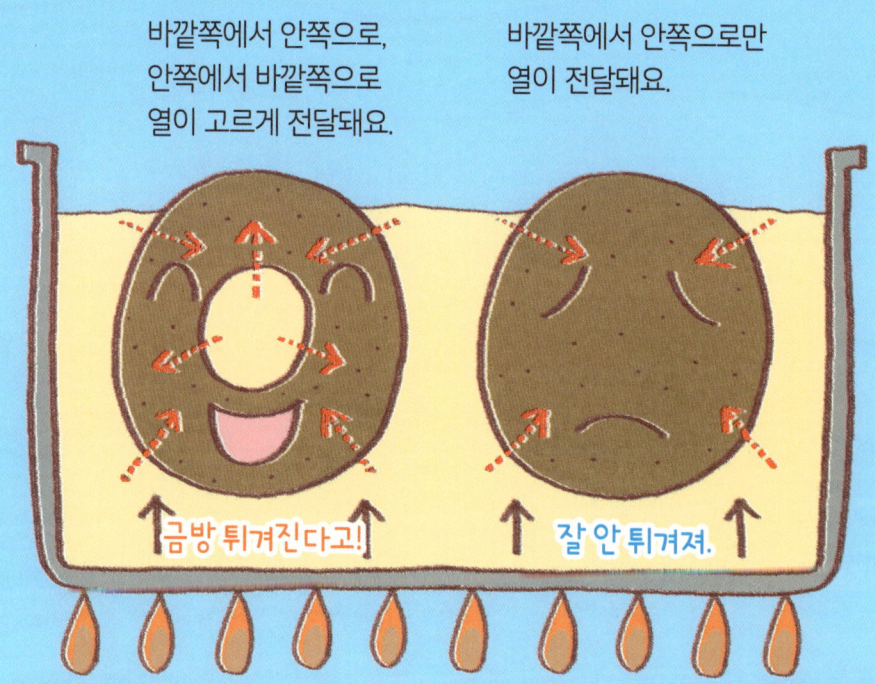

대류와 전도

음식을 익히는 방법에는 뜨거워진 물이나 기름을 이용해 익히는 대류 방식과, 열이 음식에 직접 닿게 해서 익히는 전도 방식이 있어요. 좀 더 자세히 설명하면 대류 방식을 이용해 기름이 뜨거워지면 그 열이 도넛에 전도되는 것이라고 할 수 있어요. 구멍이 있으면 안쪽에서도 열이 전도되기 때문에 도넛이 더 빨리 익어요.

기름을 뜨겁게 해서 익히는 방법은 무엇일까요?

음식에 관한 과학 상식

라면은 왜 시간이 지나면 불을까?

면 안쪽까지 수분이 스며들기 때문이에요.

막 끓인 라면은 면 바깥쪽에는 수분이 많고 면 안쪽에는 수분이 별로 없어서 면발이 탱탱해요. 그런데 시간이 지나면 면 안쪽까지 수분이 스며들어 면이 불기 때문에 쫄깃쫄깃하지 않고 흐물거리게 돼요.

꼬들꼬들 → 시간이 지나면 → 흐물흐물

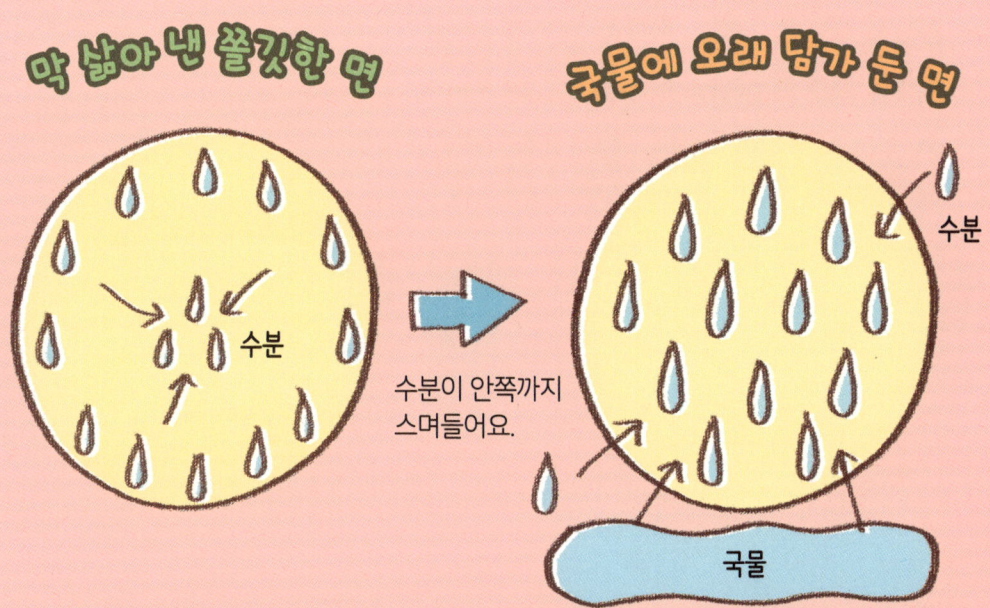

면을 삶아서 그대로 두면 점점 수분이 바깥쪽에서 안쪽으로 스며들어 붇기 시작해요.

국물에 오랫동안 담가 두면 안쪽까지 국물이 스며들어 퉁퉁 불어요. 길이도 늘어나고 잘 끊어져요.

쫄깃함의 비결

라면의 원료가 되는 밀가루에는 '글루텐'이라는 단백질이 들어 있는데, 탄력과 점성이 있어서 라면 특유의 쫄깃한 식감을 만들어 내요. 간을 할 때 쓰는 염분이 들어 있는 물도 면에 쫄깃함을 더해 줘요. 글루텐에 작용해 탄력을 줄 뿐 아니라 매끈하게 잘 늘어나게 하지요. 또한 면을 노랗게 만들어요.

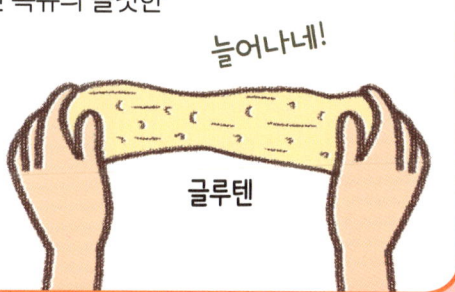

음식에 관한 과학 상식

아이스크림은 어떻게 만들까?

우유, 버터, 설탕, 향료 등을 잘 섞고 공기를 주입한 다음 얼려서 만들어요.

아이스크림이 공장에서 만들어지는 모습을 순서대로 살펴보세요.

1 원료를 잘 섞어요

우유, 생크림, 설탕 등을 물에 넣고 잘 섞어요.

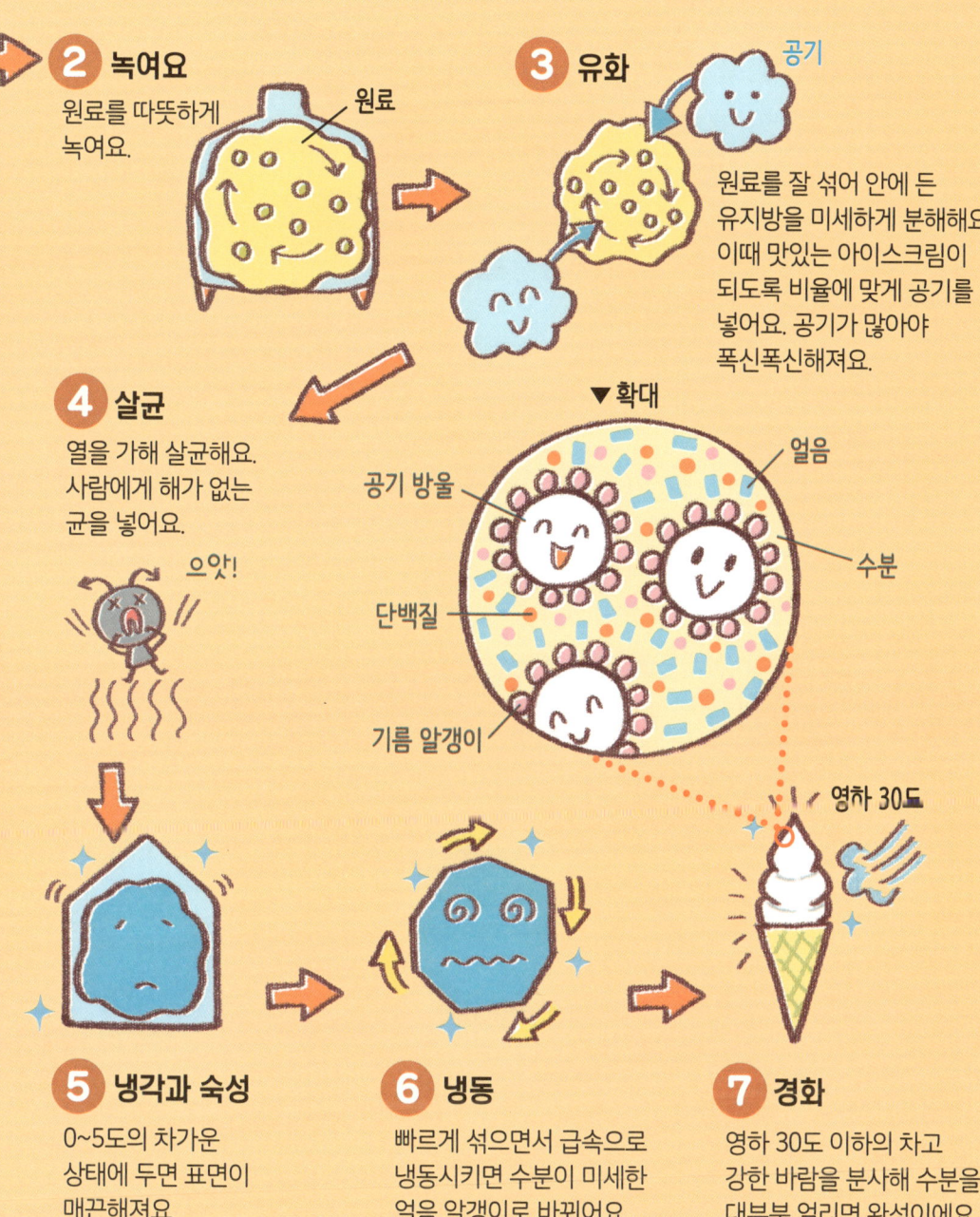

재료를 넣고 슉슉 흔들기만 하면 끝!

소금과 얼음으로 만드는 초간단 아이스크림

재료 : 2인분
- 우유 150ml
- 달걀 1개
- 설탕 30g
- 생크림 75ml
- 얼음 1~2컵
- 소금
- 지퍼백 작은 것 2장, 큰 것 1장

1 달걀과 우유, 설탕, 생크림을 볼에 넣고 잘 섞어요.

2 섞은 재료를 작은 지퍼백에 넣고 공기를 빼고 닫아요.

3 다른 작은 지퍼백에 얼음과 소금을 넣고 섞어요.

4 큰 지퍼백에 **2**와 **3**을 넣어요.

얼음과 소금

재료

⚠️ 소금과 얼음을 섞으면 매우 차가워져요. 두꺼운 장갑을 끼고 다뤄야 해요.

5 큰 지퍼백을 들고 흔들어요.

6 중간중간 조금씩 쉬면서 10~20분 동안 흔들어요.

아이스크림 완성!

얼음에 소금을 뿌리면 왜 더 차가워질까요?

얼음은 0도에서 물이 돼요. 그런데 얼음에 소금을 뿌리면 얼음이 녹아서 물이 되는 온도가 0도보다 낮아져요. 소금이 녹을 때 주변의 열을 빼앗아 가기 때문에 온도가 더 낮아지는 거예요.

소금

음식에 관한 과학 상식

낫토는 어떻게 만들까?

삶은 콩에 균을 넣고 발효시켜서 만들어요.

낫토는 일본식 청국장이에요. 삶은 콩에 넣은 낫토균이 콩에 있는 성분을 분해하면서 다른 성분을 만들어요. 그 과정에서 특유의 맛과 점성을 가진 낫토로 변하지요.

낫토의 끈적끈적한 실은 낫토균이 콩의 단백질을 분해해서 만들어진 글루탐산이 결합해 생긴 폴리글루탐산 때문이에요.

아, 맛있어!

낫토균

짚을 이용해 낫토를 만드는 방법

1 콩을 깨끗이 씻어 하룻밤 정도 물에 불려요.

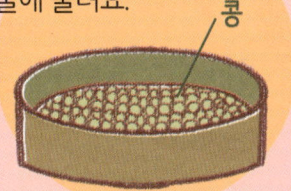

2 불린 콩을 30분에서 1시간 정도 삶아요.

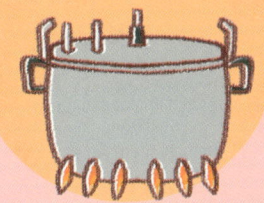

3 삶은 콩에 낫토균을 골고루 뿌려 준 다음 잘 섞어요.

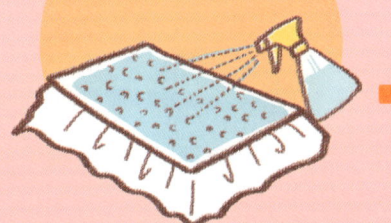

4 짚을 엮어 만든 꾸러미에 콩을 넣고 싸요.

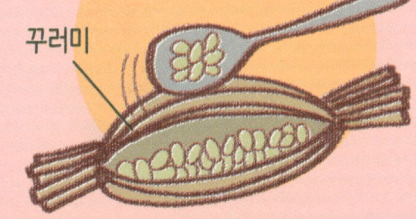

5 발효실에서 15~20시간 발효시켜요. 발효가 끝난 낫토를 5도에서 2~5일 동안 숙성시켜요.

낫토와 청국장

일본의 낫토와 한국의 청국장은 콩을 발효시켜 만드는 비슷한 음식이에요. 다만 사용하는 균이 조금 달라요. 낫토는 보통 생으로 밥과 함께 먹지만 청국장은 찌개로 끓여 먹어요.

❗ 낫토를 만드는 균은 무엇일까요?

놀라운 균의 힘

균의 힘을 이용해 만들어진 발효 식품에는 치즈와 요구르트, 김치, 된장, 고추장 등이 있어요.

한국의 발효 식품

간장

삶은 콩을 으깬 다음, 덩이를 지어 말리고 잘 띄우면 좋은 곰팡이가 생긴 메주가 돼요. 메주를 소금물에 담가 우려내고 그 국물을 달여서 간장을 만들어요.

된장

메주를 소금물에 담가 간장을 떠내고 남은 건더기로 만들어요. 간장을 가르지 않고 된장을 만들기도 해요.

김치

소금에 절인 배추나 무 등을 고춧가루, 마늘, 젓갈 등으로 양념하고 발효시켜 만들어요.

삭힌 홍어

항아리에 홍어와 짚을 켜켜이 넣고 삭혀요. 코가 뻥 뚫릴 정도로 냄새가 강하고 톡 쏘는 맛이 나요.

젓갈

생선이나 생선의 알, 조개, 오징어 등을 소금에 절여 발효시켜 만들어요.

 ## 세계의 발효 식품

하몽

돼지고기를 소금에 절여 숙성시켜 만드는 스페인식 생햄이에요.

피시소스

생선을 삭혀 발효시켜 만든 것으로 동남아시아에서 널리 쓰여요.

살라미

날고기에 소금과 향신료를 넣어 발효시킨 이탈리아식 소시지예요.

요구르트

우유에 유산균을 넣어 발효시킨 음식이에요.

천연 치즈

동물의 젖에 유산균이나 몸에 이로운 효모균을 넣고 발효시켜 굳힌 다음 숙성시켜 만들어요.

가공 치즈

천연 치즈를 녹여 다시 굳힌 치즈예요. 오랫동안 두고 먹을 수 있어요.

술

술도 발효 식품 가운데 하나예요. 술은 효모균을 이용해 당분을 알코올로 분해시켜 만들어요. 청주는 쌀, 와인은 포도, 맥주는 보리가 원료예요.

음식에 관한 과학 상식

귤에 있는 흰 줄은 뭘까?

물과 영양분을 운반하는 통로인 관다발이에요.

귤 알맹이 바깥쪽에 붙어 있는 하얀색 줄기 같은 것은 뿌리에서 흡수한 물과 잎에서 생긴 영양분을 열매까지 운반해 주는 아주 중요한 부분이에요. 관다발이지요. 좋은 영양분이 많이 들어 있으니까 떼어 내지 말고 함께 먹는 게 좋아요.

귤의 단면

- 겉껍질 (가장 바깥쪽 두꺼운 껍질)
- 속껍질 (하얀색 얇은 껍질)
- 과육 (탱탱한 알갱이)
- 관다발

음식에 관한 과학 상식

탄산음료를 마시면 치아와 뼈가 녹을까?

마시는 것만으로 치아나 뼈가 녹지는 않아요.

콜라나 사이다 같은 탄산음료에는 산이 들어 있어요. 우리의 치아와 뼈를 형성하는 칼슘이나 인산, 마그네슘은 산에 녹는 성질이 있어서 탄산음료에 오랫동안 담가 두면 조금씩 녹아요. 하지만 탄산음료를 마시는 것만으로 뼈와 치아가 녹는 일은 없어요.

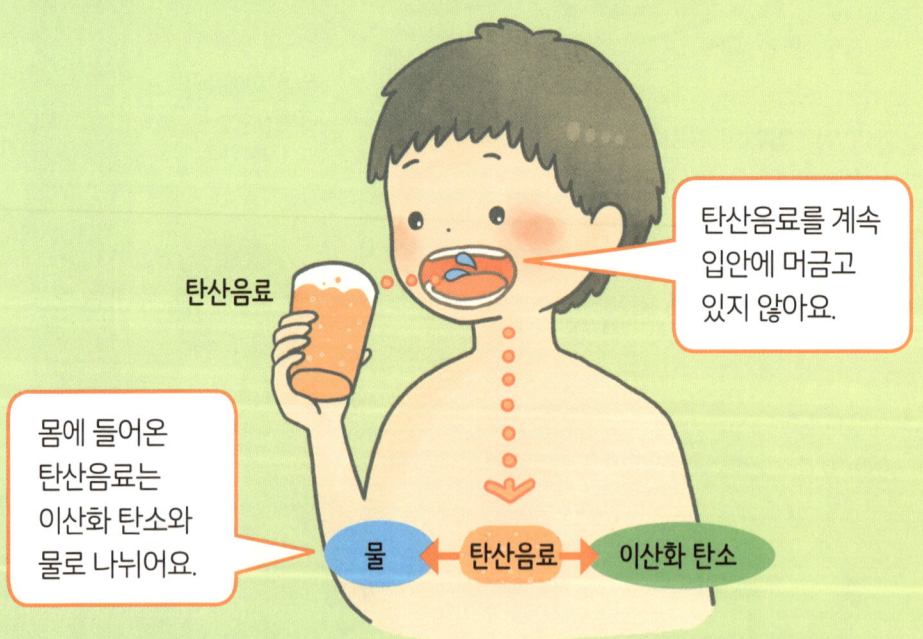

탄산음료

탄산음료를 계속 입안에 머금고 있지 않아요.

몸에 들어온 탄산음료는 이산화 탄소와 물로 나뉘어요.

물 ← 탄산음료 → 이산화 탄소

충치의 원인은 세균이 만드는 산

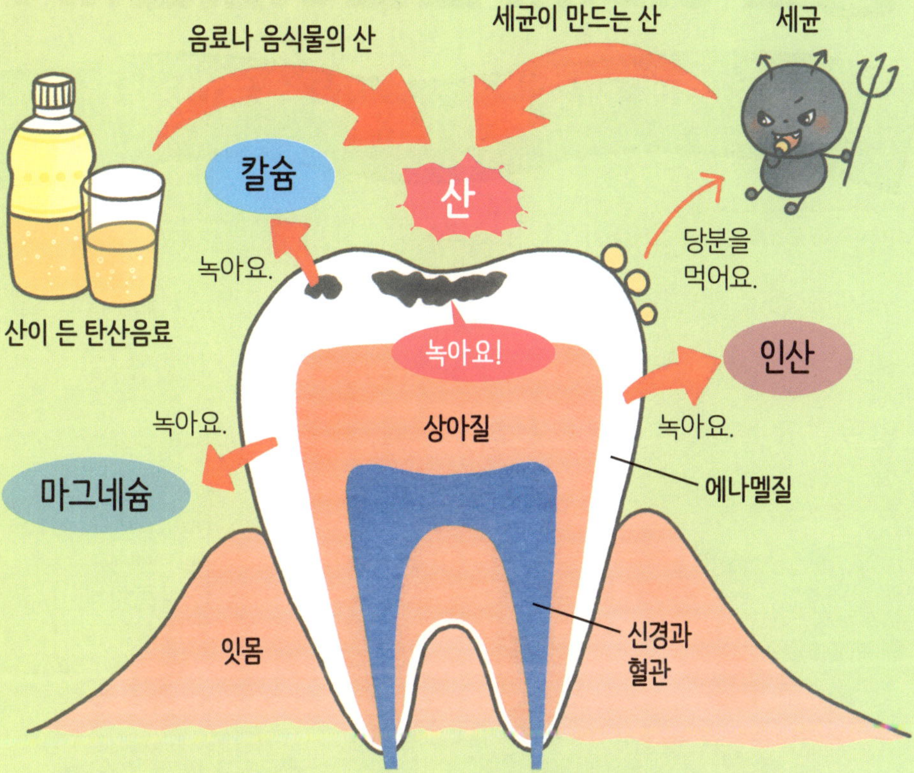

음료나 음식물의 산 / 세균이 만드는 산 / 세균

산이 든 탄산음료

칼슘 — 녹아요.
산
녹아요!
상아질
당분을 먹어요.
인산 — 녹아요.
에나멜질
마그네슘 — 녹아요.
신경과 혈관
잇몸

치아 표면의 에나멜질은 산에 약하기 때문에 탄산음료나 입안의 세균이 음식 찌꺼기를 먹고 만들어 낸 산에 녹아요. 이것이 바로 충치예요.

입안을 깨끗하게!

단것을 먹거나 음료를 마신 뒤에는 차나 물을 마셔 입을 헹구거나 양치질을 해서 입안에 당분이나 산이 남지 않도록 해야 해요. 그래야 충치가 생기지 않아요.

❗ 치아의 표면을 둘러싸고 있는 물질은 무엇일까요?

음식에 관한 과학 상식

빵은 어디서 만들어졌을까?

6,000년 전에 메소포타미아에서 만들어졌다고 해요.

지금으로부터 6,000여 년 전 중앙아시아의 메소포타미아에서 밀가루 반죽을 납작하게 만들어 구워 먹은 것이 빵의 기원이라고 해요. 그 뒤로 이집트에서 효모균을 이용해 발효시킨 빵을 만들었고, 그것이 유럽을 통해 전 세계에 퍼졌어요.

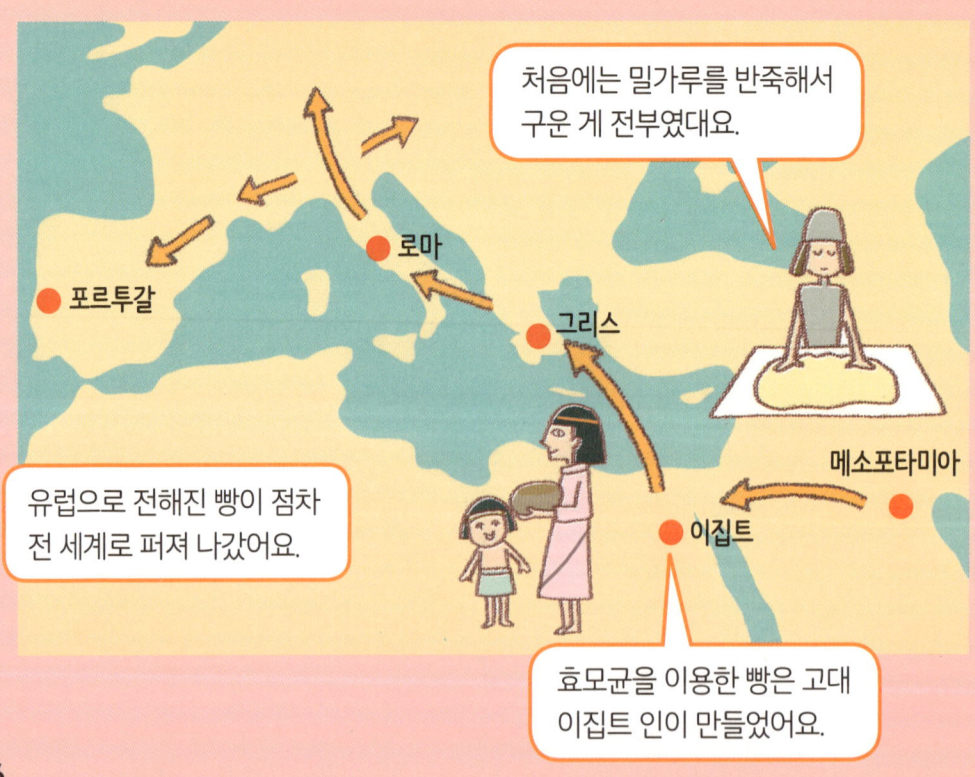

빵은 어떻게 부풀어 오를까요?

밀가루를 물에 개면 글루텐이라는 단백질이 만들어지면서 빵 반죽에 탄력과 끈기가 생겨요. 여기에 효모균을 넣으면 이산화 탄소가 생겨 빵 반죽이 부풀어 오르지요. 반죽 속의 이산화 탄소는 구워도 그대로 남기 때문에 부드럽고 폭신한 빵이 만들어져요.

효모균은 무엇일까요?

효모균은 버섯이나 곰팡이 같은 균류예요. 설탕 같은 당분을 먹고 이산화 탄소와 알코올을 만들어 내는데, 이 과정을 발효라고 해요.

효모를 이용한 빵은 어디에서 처음 만들어 먹었을까요?

지구와 우주에
관한 과학 상식

아하, 그렇구나!

지구와 우주에 관한 과학 상식

하늘은 왜 낮에는 파랗고 저녁에는 붉을까?

파란색이 빨간색보다 잘 흩어지기 때문이에요.

햇빛은 색이 없는 것처럼 보이지만 실제로는 빨간색에서 보라색까지 다양한 색이 섞여 있어요. 지구를 둘러싼 대기층은 이 중에서 파란색 빛을 흩어지게 해요. 공기 알갱이나 먼지 등에 의해 파란색 빛의 방향이 바뀌어서, 맑은 날 낮에 하늘을 올려다보면 하늘이 파랗게 보여요.

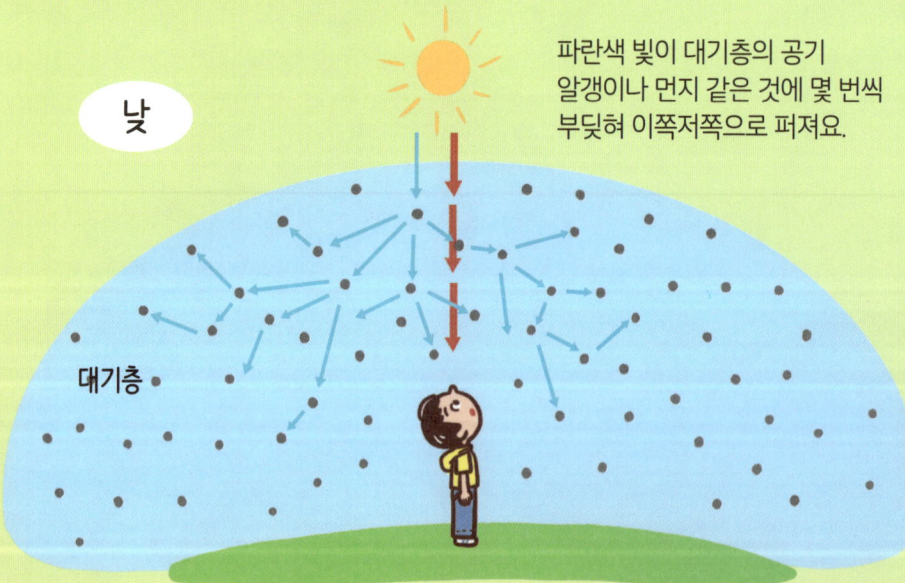

파란색 빛이 대기층의 공기 알갱이나 먼지 같은 것에 몇 번씩 부딪혀 이쪽저쪽으로 퍼져요.

낮

대기층

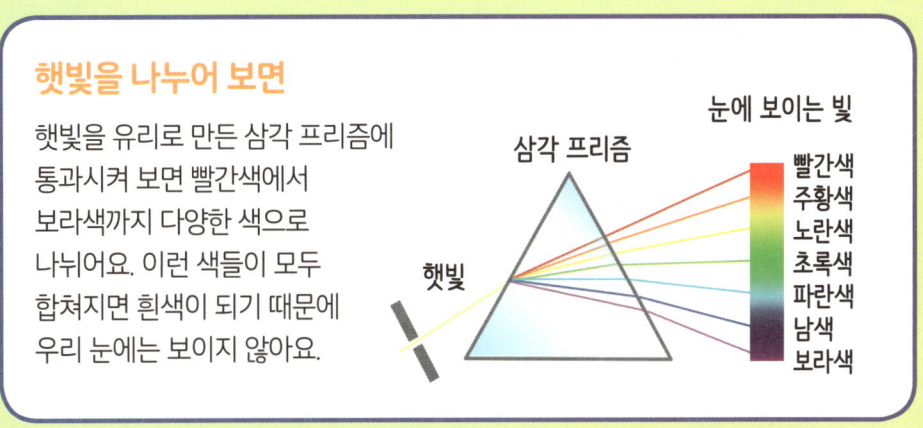

햇빛을 나누어 보면

햇빛을 유리로 만든 삼각 프리즘에 통과시켜 보면 빨간색에서 보라색까지 다양한 색으로 나뉘어요. 이런 색들이 모두 합쳐지면 흰색이 되기 때문에 우리 눈에는 보이지 않아요.

하지만 저녁이 되어 태양의 위치가 달라지면 빛이 통과해야 하는 대기층이 낮보다 훨씬 두꺼워져요. 그래서 대기에서 분산되기 쉬운 파란색은 점점 약해지고 장애물이 있어도 멀리까지 가는 빨간색이 하늘 가득 퍼져 보이는 거예요.

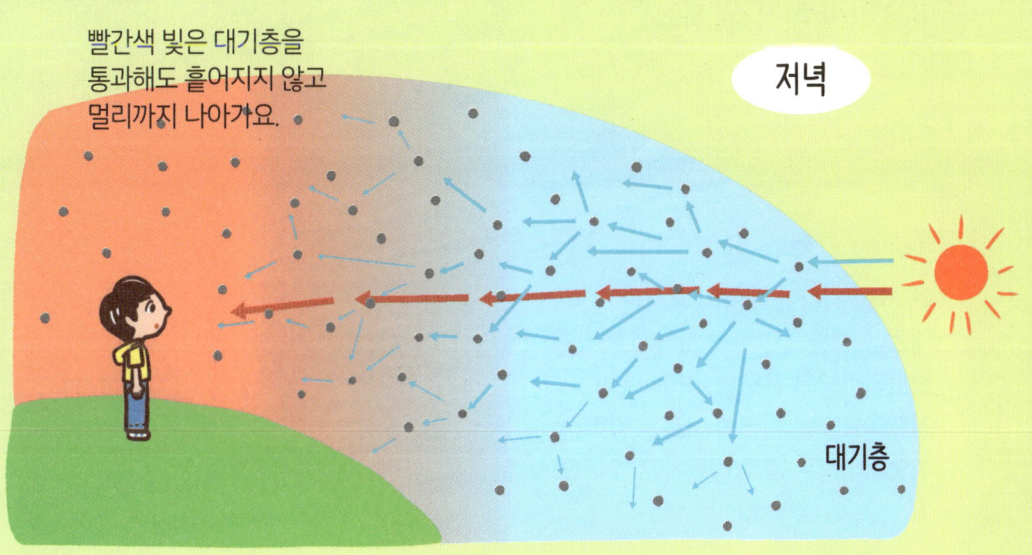

빨간색과 파란색 중 더 멀리 가는 색은 무엇일까요?

지구와 우주에 관한 과학 상식

회오리바람은 왜 생길까?

지면이 하늘보다 온도가 훨씬 높을 때, 하늘을 향해 강한 공기 흐름이 생기기 때문이에요.

회오리바람은 소나기구름 아래에 생기는 소용돌이예요. 지면 가까이에 있는 공기는 따뜻하고 하늘 높은 곳의 공기는 차가우면, 공기가 위로 올라가며 소나기구름이 생겨요. 지면에서 생긴 작은 소용돌이는 소나기구름을 향해 점점 빨려 들어가면서 덩치가 커져요. 그러다 깔때기 모양을 한 크고 맹렬한 회오리바람이 되지요.

따뜻한 습기를 머금은 공기

회오리바람의 규모를 나타내는 후지타 스케일

1971년 시카고 대학의 후지타 테츠야 박사가 만든 후지타 스케일은 회오리바람의 규모를 나타내는 지표예요. F4나 F5에 이르는 강력한 회오리바람은 자주 발행하지 않아요.

텔레비전 안테나가 쓰러져요.

지붕의 일부가 날아가고 유리창 등이 깨져요.

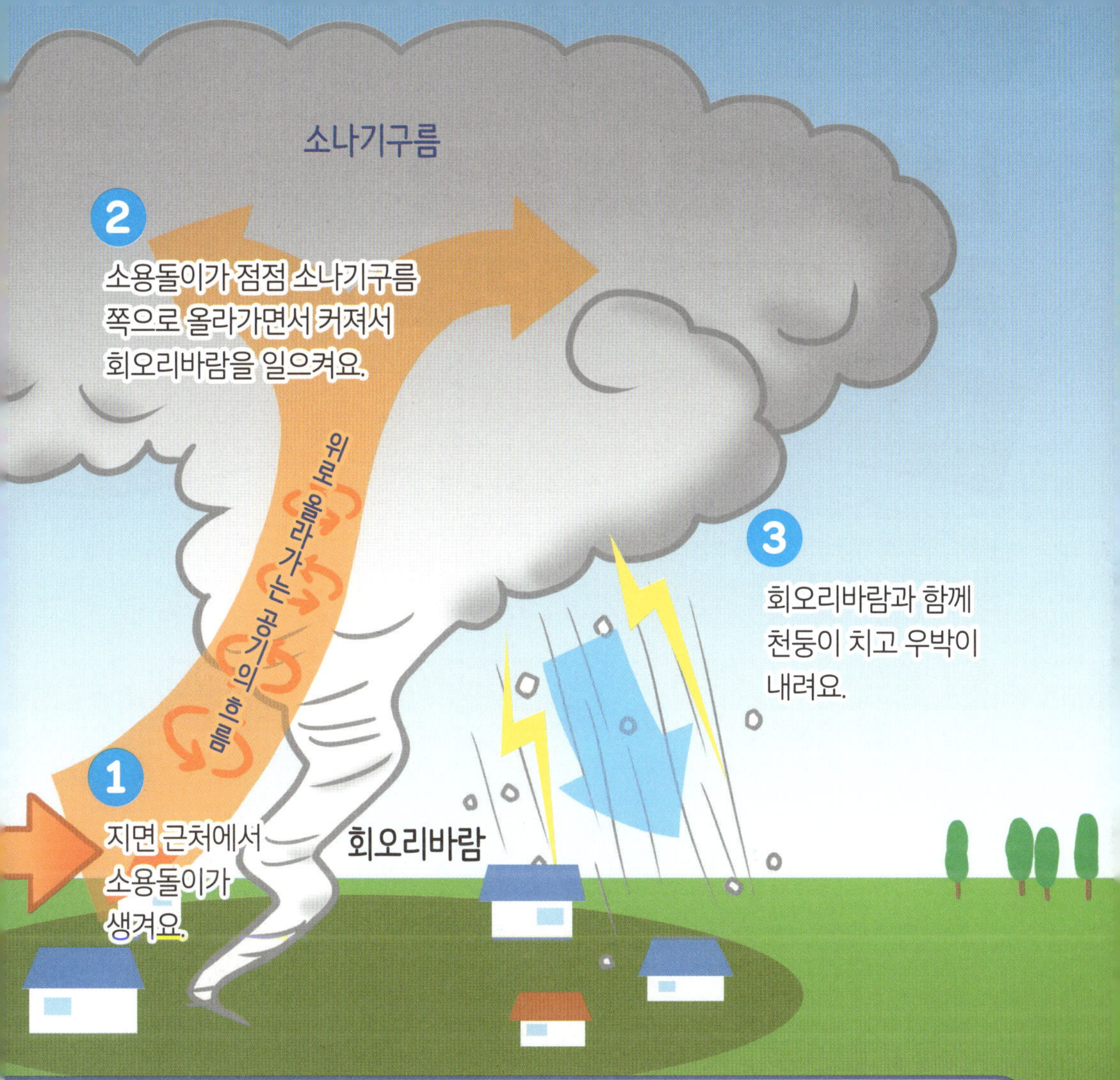

소나기구름

2 소용돌이가 점점 소나기구름 쪽으로 올라가면서 커져서 회오리바람을 일으켜요.

위로 올라가는 공기의 흐름

1 지면 근처에서 소용돌이가 생겨요.

회오리바람

3 회오리바람과 함께 천둥이 치고 우박이 내려요.

F2 지붕이 통째로 날아가고 약한 집은 쓰러져요.

F3 집이 통째로 날아가고 나무가 뽑혀요.

F4 집이 산산이 부서져 날아가요.

F5 집이 날아가 흔적도 없이 사라져요.

! 회오리바람 위에 있는 구름은 무엇일까요?

출처 : 일본 기상청 홈페이지

지구와 우주에 관한 과학 상식

나침반은 왜 항상 같은 방향을 가리킬까?

지구 자체가 큰 자석이기 때문이에요.

나침반의 바늘은 자석이에요. 한쪽은 N극, 반대쪽은 S극이지요. 자석은 같은 극끼리는 서로 밀어내고, 다른 극끼리는 서로 끌어당기는 성질이 있어요. 지구도 거대한 자석이에요. 북극 근처가 S극이고, 남극 근처가 N극에 해당해요. 그래서 나침반의 N극은 항상 지구의 S극인 북극을 가리켜요.

지구 어디에 있더라도 나침반의 N극은 항상 북쪽을 가리켜요.

생물들도 나침반이 있어요

고래나 돌고래, 바다거북 같은 바다 생물이나 장거리 여행을 하는 철새, 멀리 떨어진 곳에서도 보금자리를 찾아가는 벌은 지구의 자석을 느낄 수 있다고 해요. 현재의 위치와 방향을 몸으로 감지하는 거예요. 인간에게도 이런 힘이 있다면 참 편리하겠지요?

지구는 왜 자석일까요?

지구는 바깥부터 지각, 맨틀, 중심핵으로 이루어져 있어요. 중심핵의 바깥쪽 외핵은 질척하고 흐물흐물한 상태예요. 전기가 잘 통하는 물질로 이루어져 있고 지구 자전에 따라 움직이는데, 이로 인해 전기가 발생하고, 이 전기 흐름이 자석의 힘을 만들어 낸다고 해요.

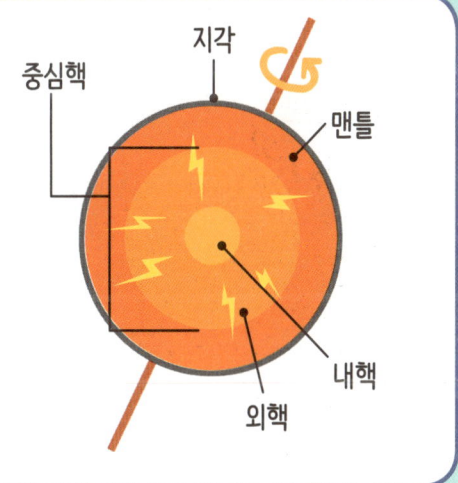

지구의 북극은 자석의 어느 극에 해당할까요?

지구와 우주에 관한 과학 상식

오로라는 왜 생길까?

이 사진은 북극 근처에서 볼 수 있는 오로라예요. 오로라는 북극과 남극 근처에서만 관측돼요. 이 신비한 광선의 정체는 무엇일까요?

오로라가 생기는 높이

오로라는 지상에서 90~500킬로미터 높이에서 나타난다고 해요. 비행기는 10킬로미터, 우주선은 600킬로미터 상공을 날아요.

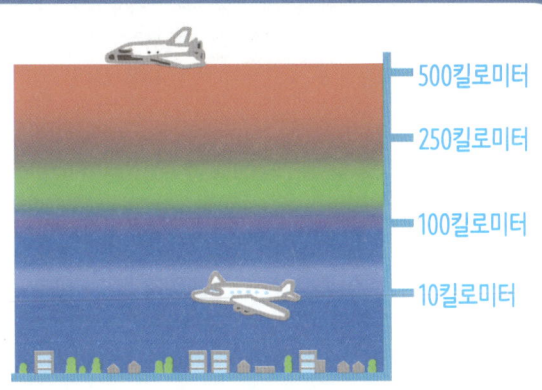

오로라는 왜 생길까?

> 태양풍이 북극과 남극으로 빨려 들어가 공기에 부딪혀서 생기는 거예요.

지구는 큰 자석과 같아서 지구 주위를 자석과 전류의 힘이 작용하는 자기장이 둘러싸고 있어요. 이 자기장이 태양에서 나오는 태양풍을 막아 줘 지구는 큰 영향을 받지 않지요.

태양

1 태양풍이 불어요.

태양풍이 지구 가까이 오면 태양풍의 작은 입자들이 지구 자기장에 이끌려 대기로 들어오면서 공기 분자와 반응해 다양한 빛을 내는데, 이게 바로 오로라예요.

2 태양풍이 지구를 둘러싼 자기장의 흐름을 따라 이동해요.

자기장

지구 자기장은 태양풍에 휩쓸려 뒤쪽으로 길게 뻗은 모양이 돼요.

3 태양풍이 뒤쪽에서 오는 자기장에 이끌려 북극과 남극으로 빨려 들어가요.

4 태양풍의 입자가 지구 대기의 공기 분자와 부딪히면서 빛을 내뿜어요.

태양풍
공기

❗ 태양에서 끊임없이 불어오는 것은 무엇일까요?

149

지구와 우주에 관한 과학 상식

땅을 계속 파 내려가면 어떻게 될까?

질척한 액체가 나오고, 중심에는 뜨거운 핵이 있어요.

지각에서 지구의 중심까지의 거리는 약 6,370킬로미터예요. 우리가 사는 지구의 가장 바깥쪽 부분이 지각이지요. 그 아래에는 암석과 마그마가 녹아 있는 맨틀과 금속이 액체 상태로 녹아 있는 외핵이 있어요. 가장 아래 중심에는 단단한 고체 상태의 내핵이 있어요.

지각 지표 5~60킬로미터
지구를 사과라고 하면 지각은 사과 껍질처럼 얇아요.

맨틀 지하 20~2,900킬로미터
마그마와 암석으로 이루어진 뜨거운 층으로 지각은 맨틀과 함께 천천히 움직여요.

외핵 지하 2,900~5,100킬로미터
주로 철과 니켈로 이루어져 있어요. 액체 층으로 끊임없이 움직여요.

내핵 지하 5,100킬로미터~중심까지
고체 층이에요. 7,000도가 넘을 정도로 뜨거워요. 태양의 표면 온도보다 높지요.

깊이 0미터
1,000킬로미터
2,000킬로미터
3,000킬로미터
4,000킬로미터
5,000킬로미터
6,000킬로미터
6,370킬로미터

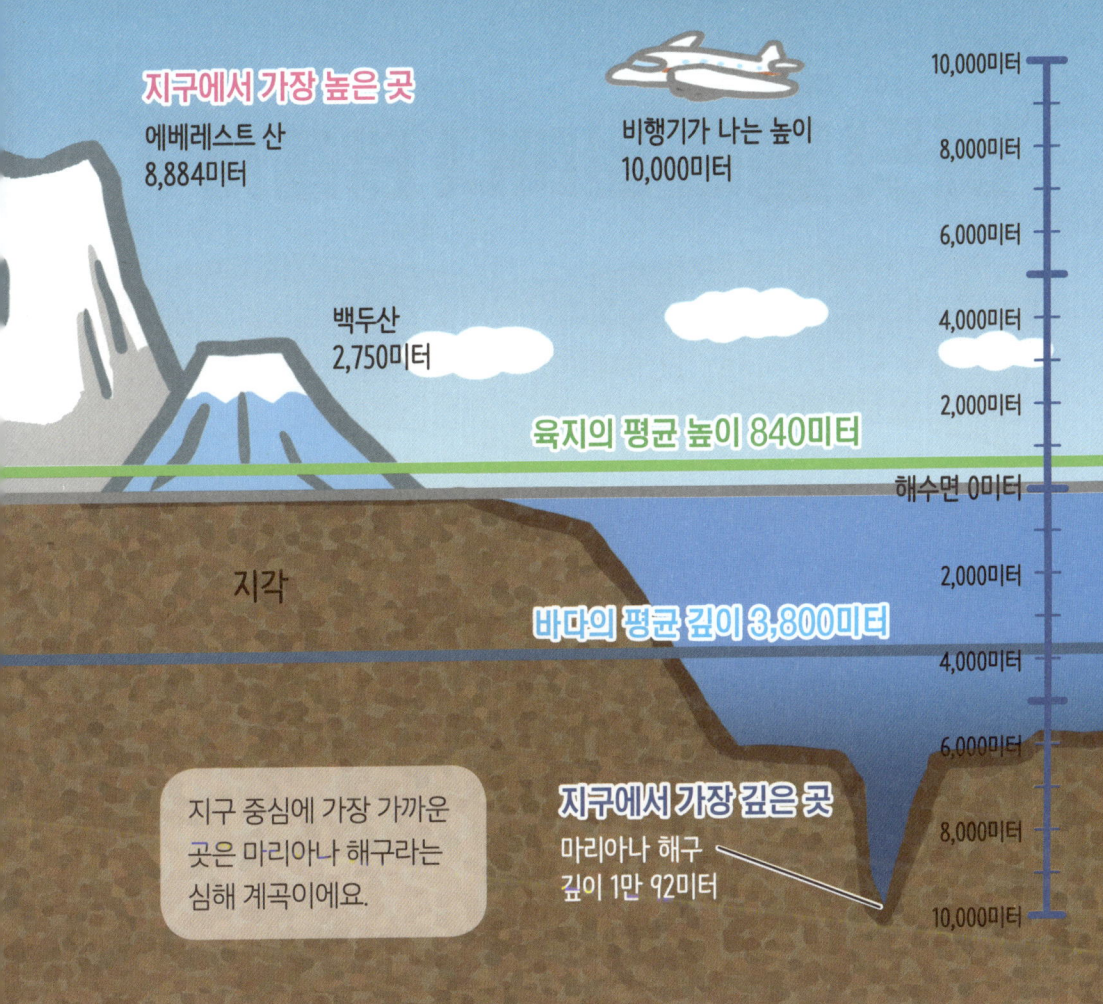

세상에서 가장 깊게 판 구멍은 몇 미터일까요?

인간이 지금까지 판 것 중에 가장 깊게 판 구멍은 러시아의 콜라 반도에 있어요. 1989년에 과학 탐사를 위해 판 시추공인데, 깊이가 1만 2,262미터나 돼요. 지구에서 가장 깊은 마리아나 해구보다도 깊어요. 그래 봤자 지각 깊이의 3분의 1에도 못 미치지만요. 원래는 1만 5,000미터까지 팔 계획이었는데, 너무 뜨거워서 도중에 포기했다고 해요.

지구에서 가장 깊은 곳은 어디일까요?

지구와 우주에 관한 과학 상식

바닷물은 얼마나 많을까?

13억 5,000만 세제곱킬로미터예요.
$1,350,000,000 km^3$

호수·강·지하수
1,035만 세제곱킬로미터

바다 13억 5,000만 세제곱킬로미터

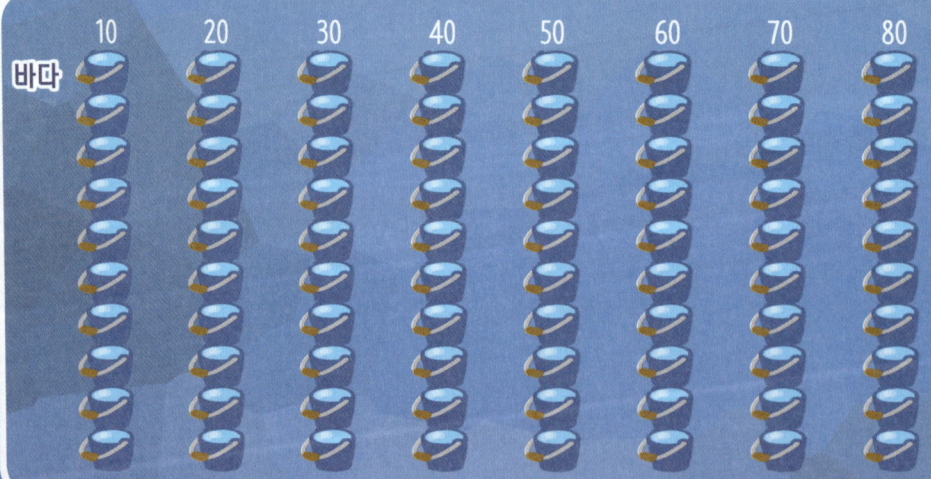

지구에 있는 물을 모두 합치면 97.5퍼센트가 바닷물이에요. 지구의 물은 거의 다 바닷물이라고 해도 지나치지 않지요. 그 밖에 남극이나 북극, 높은 산에 얼음 상태로 있는 물, 호수나 강의 물, 지하수 등도 있어요. 그리고 얼마 되지는 않지만 공기 중에 수증기 상태로 있는 물도 있어요.

공기 중
1만 2,600세제곱킬로미터

얼음 2,423만 세제곱킬로미터

만약 지구의 물을 양동이 100개에 전부 넣는다면 그중 97개 반은 바닷물이 차지해요. 그다음으로 많은 얼음이 양동이 1개 반 정도, 나머지가 호수나 강, 지하수가 차지해요. 대기 중 공기에 포함된 수증기는 정말로 적은 양이에요.

출처: 독립행정법인 수자원기구

지구의 물을 100이라고 한다면 바닷물은 얼마나 될까요?

지구와 우주에 관한 과학 상식

우주 식품은 맛있을까?

맛있는 우주 식품이 점점 개발되고 있어요.

우주 식품은 우주에서 우주인이 쉽게 먹을 수 있도록 만든 식품이에요. 예전에는 우주 식품이 맛없다고 알려져 있었어요. 하지만 지금은 기술이 발전해서 예전보다 훨씬 맛있다고 해요. 우주라는 특별한 공간에서 먹는 우주 식품은 지구 음식과는 다른 특별한 기술로 만들어져요.

특징 1 장기간 보존이 가능해요

한번 우주로 나가면 오랫동안 지구로 돌아오지 못해요. 그래서 인간에게 필요한 영양분을 충분히 섭취할 수 있는 음식을 1년 이상 장기 보관할 수 있어야 해요.

▲ 우주 식품을 들고 있는 우주 비행사

©JAXA/NASA

특징 2 조리가 간편해요

우주 식품은 그대로 먹든지 데워 먹든지 아니면 뜨거운 물이나 찬물을 붓기만 해도 바로 먹을 수 있도록 조리가 간편해야 해요. 라면(사진)처럼 수분을 빼서 건조시킨 식품은 뜨거운 물을 부은 다음 숟가락이나 포크로 먹어요.

사진 제공 : 닛신식품홀딩스 주식회사

특징 3 중력에 의해 떠다니지 않아요

▲ 우주선에서 식사하는 모습   ⓒJAXA/NASA

우주선 안에는 중력이 없어서 먹고 남은 찌꺼기나 국물이 떠다니며 각종 기계 장치의 고장을 일으킬 위험이 있어요. 그래서 한입에 다 먹을 수 있는 음식이 많아요. 쟁반은 우주 식품이 잘 고정되도록 만들어져 있어요.

한국 음식도 우주 식품으로!

2008년 한국의 첫 우주인 이소연 씨는 국제 우주 정거장(ISS)에서 김치, 라면, 수정과 등을 먹었어요. 이 밖에 고추장, 된장국, 불고기, 비빔밥 등도 우주 식품으로 인증을 받았어요.

ⓒ한국원자력연구원 정읍방사선과학연구소

지구와 우주에 관한 과학 상식

화성에서 살 수 있을까?

지금은 화성에서 사람이 살 수 없어요.

인간이 살아가려면 대기와 물이 충분하고 온도가 적당해야 해요. 지구 바깥쪽에서 태양을 돌고 있는 화성은 태양 빛이 지구의 반밖에 닿지 않아 영하 130도까지도 내려가요. 대기에도 산소가 거의 없고 이산화 탄소만 있어서 현재로는 사람이 살 수 없어요.

지구의 특징
- ★ 태양으로부터의 거리는 1억 4,960만 킬로미터예요.
- ★ 반지름은 6,378킬로미터예요.
- ★ 태양 주위를 일 년(365일)에 한 바퀴 돌아요.
- ★ 표면 온도는 영하 70도에서 영상 55도 정도로 생물이 살기에 적합해요.

바다와 강, 호수 등 물이 풍부해요. 물은 지구에서 오랜 시간에 걸쳐 생명을 탄생시키고 키워 왔어요.

대기를 이루는 것은 주로 질소(78퍼센트)와 산소(21퍼센트)예요. 산소는 땅에 사는 식물이나 바닷속 해초 등이 만들어 내요.

행성의 환경을 바꾸는 테라포밍

테라포밍은 지구가 아닌 다른 행성을 인간이 살 수 있도록 지구의 환경과 비슷하게 바꾸는 일이에요. 화성에 대해서는 우주 공간에 거대한 거울을 설치하고 태양 빛을 모아 행성을 덥히는 일을 연구 중이에요. 따뜻해진 표면에 물이 생기면 생물을 키우고, 필요한 산소를 만들 수 있어요. 어쩌면 가까운 미래에는 화성에서도 사람이 살 수 있을지 몰라요.

이 페이지의 사진 제공 : NASA, NASSDC Photo Gallery

화성의 특징

- ☆ 태양으로부터의 거리는 2억 2,790만 킬로미터예요.
- ☆ 반지름은 3,396킬로미터예요.
- ☆ 태양 주위를 687일에 걸쳐 한 바퀴 돌아요.
- ☆ 표면 온도는 계절에 따라 다르지만 영하 130도에서 영상 30도 정도예요.

▲ 미국의 화성 탐사선이 촬영한 화성 지표면의 모습

화성의 북극은 이산화 탄소가 얼어서 된 눈, 드라이아이스로 뒤덮여 있어요.

대기의 대부분은 이산화 탄소(95퍼센트)예요.

표면에 녹슨 철이 많아서 붉게 보여요. 옛날에는 대기와 바다가 있었는데, 지금은 액체 상태의 물은 없고 지하에 물이 얼어 있는 것으로 추정돼요.

❗ 화성의 대기를 구성하는 것은 대부분 무엇일까요?

지구와 우주에 관한 과학 상식

지진은 왜 일어날까?

지각판이 거대한 힘으로 움직이기 때문이에요.

지각판이 움직이면서 생기는 지진

1 지각판은 1년에 10센티미터 정도로 느리게 움직여요. 바닷속 지각판이 육지의 지각판 아래로 조금씩 들어가요.

2 지각판끼리는 강력한 힘으로 밀어내는데 육지 지각판이 바닷속 지각판에 눌려 조금씩 아래로 빨려 들어가요.

3 육지 지각판이 더 이상 빨려 들어가지 못하고 거세게 위로 솟구치면 지각판을 이루고 있던 암석이 무너져 지진이 발생해요. 이 때문에 쓰나미(지진 해일)가 발생하기도 해요.

지금도 지각판이 움직이고 있어요

지구의 표면은 지각판이라고 하는 깊이 100킬로미터에 달하는 암석으로 둘러싸여 있어요. 이 지각판은 크고 작은 여러 개의 조각으로 나뉘어 있지요. 지각판들은 조금씩 움직이고 있어서 지각판이 서로 만나는 곳에서는 한쪽 지각판이 다른 지각판 아래로 빨려 들어가요.

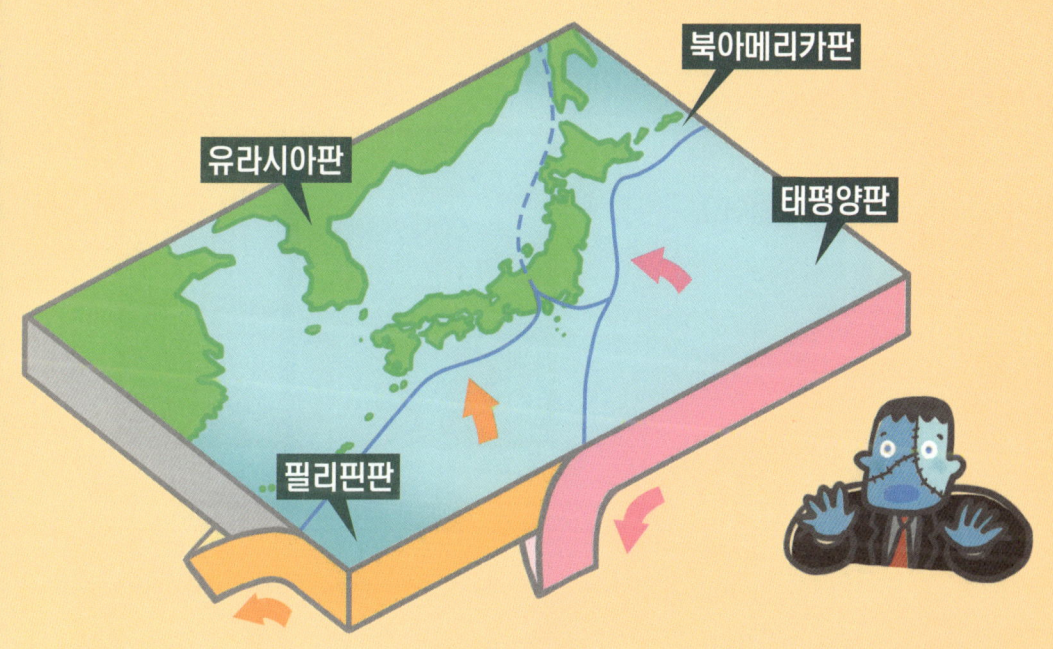

일본 열도 근처에는 거대한 지각판이 4개나 모여 있고, 지금도 계속 움직이고 있어서 일본의 땅속은 매우 복잡해요. 일본에서 지진이 많이 발생하는 이유는 바로 이 때문이에요.

지구 표면을 감싸고 있는 것은 무엇일까요?

지구와 우주에 관한 과학 상식

화석이 뭘까?

옛날에 살았던 생물의 몸이나 흔적이 암석이나 지층 속에 남아 있는 것을 말해요.

① 아주 오랜 옛날에 암모나이트 같은 조개류와 파충류가 살았어요.

② 이들이 죽으면 그 사체는 바닷속 깊은 곳에 가라앉아요. 몸은 다른 생물들에게 먹히거나 분해되고, 뼈와 조개껍데기 같은 단단한 것들만 부분적으로 남아요.

암모나이트같이 오래전에 살았던 생물이나 공룡의 발자국 등, 생물이 살았다는 증거가 되는 것들이 지층에 파묻힌 채 긴 세월을 거치면서 돌처럼 굳은 것이 화석이에요. 화석을 조사하면 그 지층이 형성된 시대나 장소 등을 알 수 있어요.

암모나이트 화석   발자국 화석

③ 오랜 세월을 거치는 동안 그 위에 모래와 진흙이 쌓이면서 지층이 생기는데, 이 지층에 눌려 뼈와 조개 껍데기 등이 돌처럼 굳어요. 지층에 생긴 발자국 위에 모래나 진흙이 또 덮이고 굳으면서 그 형상 그대로 암석이 돼요.

④ 시간이 지나면서 지층 표면이 땅 위로 솟아오르고 오랜 시간에 걸쳐 물살이나 바람에 깎이면서 화석이 그 모습을 드러내요.

거대한 생물의 화석

1895년 미국의 사우스다코타 주에서 거대한 거북의 화석이 발견되었어요. 지금으로부터 7,500만 년 전인 백악기 시대에 북아메리카의 바다에 살았던 원시 거북이에요. 크기가 무려 4미터에 이르렀지요. 그런데 바다거북과 비슷하지만 등딱지가 딱딱하지 않아서 '아르케론'이라는 이름을 따로 붙였어요.

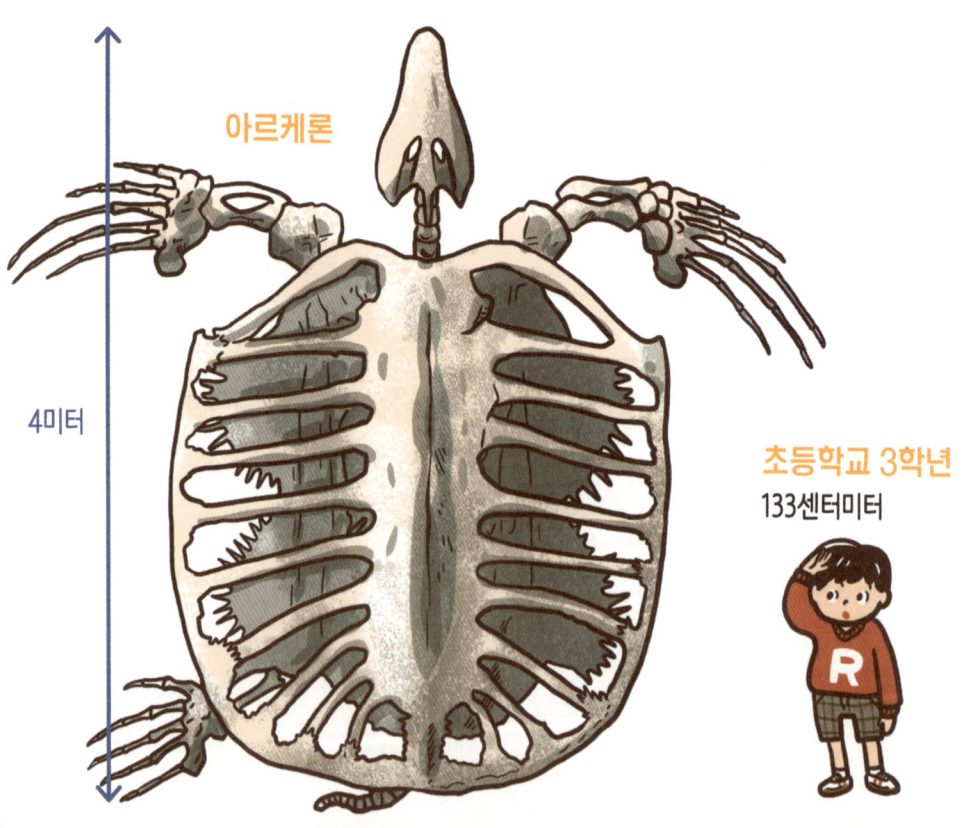

아르케론
4미터
초등학교 3학년
133센티미터

※몸 색깔은 상상해서 그렸어요.

옛날에 살았던 거대한 생물

거대한 새
아르젠타비스
800만 년~600만 년 전에 남아메리카에 살았어요. 날개를 펼치면 7미터나 되었어요.

거대한 뱀
티타노보아
6,000만 년~5,800만 년 전에 남아메리카에 살았어요. 길이는 13미터였어요.

거대한 곰
악토테리움 안구스티덴스
200만 년~50만 년 전에 남아메리카에 살았어요. 몸길이는 3.5미터였어요.

거대한 쥐
포베로미스
800만 년 전 남아메리카에 살았어요. 몸길이 3미터에 꼬리 길이만 1.5미터였어요.

거대한 사슴
큰뿔사슴(메갈로세로스)
200만 년~1만 2,000년 전 유라시아 대륙 북부에 살았어요. 몸길이가 3미터였어요.

거대한 물고기
시파크티누스
1억 1,200만 년~7,060만 년 전에 북아메리카, 유럽, 오스트레일리아에 살았어요. 몸길이가 5~6미터나 되었어요.

지구와 우주에 관한 과학 상식

강은 어디서 시작될까?

하늘에서 내린 비와 눈, 지하수가 산 위쪽에서 모여 흘러내리며 강을 이루어요.

① 구름의 물 알갱이가 무거워지면 비와 눈이 되어 땅으로 떨어져요.

② 땅 위로 떨어진 비와 눈은 땅속으로 스며들어요. 일부는 개울을 이루어 흘러요.

③ 비와 개울물이 모여 높은 곳에서 낮은 곳으로 흐르며 강을 이루어요.

강

지하수

물은 항상 높은 곳에서 낮은 곳으로 흘러요. 땅으로 떨어진 비와 눈, 지하수는 점점 낮은 곳으로 흐르면서 강을 이루지요. 강은 바다로 흘러들고 바다에서 증발한 물은 구름이 되고 구름은 다시 비와 눈이 되어 땅으로 떨어져요. 이렇게 물은 오랜 시간에 걸쳐 끊임없이 지구를 순환하고 있어요.

5 햇볕에 덥혀진 바닷물이 증발해서 수증기가 돼요. 수증기가 모여 구름이 되고 구름은 다시 비가 되어 땅으로 떨어져요.

바다

4 강은 바다로 흘러들어요. 하구에는 강물이 날라 온 돌과 모래가 쌓여요.

하구

지구와 우주에 관한 과학 상식

모래는 어떻게 만들어질까?

오랜 시간에 걸쳐 바위가 부서지고 깨져 모래가 돼요.

모래는 사실 예전에는 큰 바위나 돌멩이였어요. 비와 바람, 물살 등에 의해 조금씩 깎이면서 부서져 아주 작은 알갱이가 되었지요. 이렇게 바위가 여러 이유로 잘게 부서지는 것을 풍화 작용이라고 해요. 큰 돌은 계속된 풍화 작용으로 점점 작아져 자갈이 되고, 자갈은 계속 쪼개지고 부스러져 모래가 돼요. 오랜 시간이 흘러 모래가 더 잘게 부서지면 흙이 되지요.

바닷가의 모래를 살펴보면

바닷가 근처에서는 파도에 떠밀려 온 비슷한 크기의 모래들이 모여서 해변을 이루어요. 해변의 모래를 자세하게 들여다보면 크기가 다양한 아름다운 모래들을 볼 수 있어요. 별 모양을 하고 있는 것은 유공충이라는 조개껍데기로 별 모래라고도 불려요.

1cm

사진 제공 : 사가미하라 시립박물관

침식·운반·퇴적 작용

강물이 강바닥이나 강기슭의 바위, 돌, 흙 등을 깎아 내는 것을 침식 작용이라고 해요. 돌과 흙 등을 옮기는 것을 운반 작용, 운반된 돌과 흙이 강바닥이나 바다 밑에 쌓이는 것을 퇴적 작용이라고 하지요.

1 강의 상류는 경사가 가파르고 물살이 빨라 제법 큰 바위와 돌이 굴러다녀요. 침식 작용이 활발하게 일어나요.

▲ 바위와 큰 돌

2 중류는 경사도 완만하고 강폭도 넓어요. 강가의 돌은 강물에 굴러다니는 동안 모서리가 깎이면서 둥글어져요. 운반 작용이 활발하게 일어나요.

▲ 자갈

3 하류는 강폭이 아주 넓고 경사가 거의 없어서 강물의 흐름이 매우 느려요. 상류와 중류에서 운반되어 온 흙이 쌓이는 퇴적 작용이 주로 일어나요.

▲ 모래

하구

바다

침식·운반·퇴적 작용은 강의 어느 곳에서나 일어나요. 다만 강물의 흐름에 따라 활발하게 일어나는 곳이 다를 뿐이에요.

❗ 모래가 많은 곳은 강의 어느 지역일까요?

지구와 우주에 관한 과학 상식

암석의 색깔은 왜 다를까?

암석을 이루는 광물의 종류가 다르기 때문이에요.

암석의 색은 대부분 그 돌을 이루는 광물에 따라 달라져요. 석영이라는 광물은 유리처럼 투명에 가까워요. 장석은 흰색 광물이고, 흑운모는 검은색 광물이에요. 감람석처럼 녹색을 띠는 광물도 있어요.

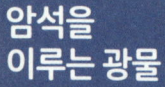
암석을 이루는 광물

석영

장석

규석

감람석

흑운모

각섬석

사진 제공 : 주식회사 도쿄사이언스

암석의 색은 석영처럼 밝은 광물을 많이 포함할수록 밝고, 흑운모처럼 어두운 광물을 많이 포함할수록 어두워요.

화성암의 종류

화성암은 용암이나 마그마가 식어서 굳은 암석이에요.

← 밝은 광물이 많이 섞인 암석   어두운 광물이 많이 섞인 암석 →

화강암	섬록암	반려암

유문암	안산암	현무암

사진 제공 : 주식회사 도쿄사이언스

아름다운 광물

희귀하고 아름다운 광물은 가공해서 보석으로 만들어요. 함유 물질에 따라 색이 완전히 달라지는데, 철이 포함된 석영은 보라색을 띠어요.

▲ 투명한 석영(수정)

▲ 보라색 석영(자수정)

지구와 우주에 관한 과학 상식

지구 온난화가 뭘까?

지구의 평균 온도가 올라가는 현상이에요.

온실가스란 무엇일까요?

열을 빼앗기지 않는 성질을 가진 기체예요. 대표적인 온실가스로는 석탄이나 석유를 태우면 나오는 이산화 탄소, 1990년대까지 냉장고를 만들 때 사용한 프레온 가스, 음식물 쓰레기나 가축의 분뇨에서 나오는 메탄 등이 있어요.

1 200여 년 전에는 온실가스 농도가 적당했기 때문에 지구의 기온이 사람이 살기에 딱 알맞았어요.

태양 대기 200년 전 지구

지구를 둘러싼 대기는 온실가스를 머금고 있어요. 온실가스는 비닐하우스와 같은 역할을 해서 태양으로부터 받은 열을 지구 밖으로 빼앗기지 않게 해 줘요. 그런데 최근 200년 사이에 지구 전체의 기온이 조금씩 올라가고 있어요. 대기에 온실가스가 많아지면서 밖으로 내보내는 열이 적어졌기 때문이에요. 이대로 가다가는 21세기가 끝날 무렵이 되면 지금보다 1.4~5.8도가 올라간다고 해요.

② 온실가스가 계속 늘어나면 지금보다 많은 열이 지구로 전달되어 표면 온도가 점점 더 높아질 수밖에 없어요.

태양의 열을 대기에 가두는 역할을 하는 기체는 무엇일까요?

지구와 우주에 관한 과학 상식

블랙홀은 무엇일까?

무엇이든 빨아들이는, 별의 맨 마지막 모습이에요.

우주에 존재하는 천체는 끊임없이 생겨났다가 사라져요. 천체 가운데 하나인 별에도 일생이 있는데, 블랙홀은 별의 맨 마지막 모습 가운데 하나예요.

태양보다 8배 이상 무거운 별은 점점 커지다가 수명이 다하면 폭발해요. 그 뒤 엄청나게 수축해 주변의 것들을 빨아들여요. 별의 부스러기나 먼지뿐 아니라 빛까지 빨아들이기 때문에 깜깜해서 눈에는 보이지 않아요. 그래서 블랙홀(영어로 검은 구멍)이라는 이름이 붙었어요.

블랙홀의 수수께끼

무게가 얼마나 될까요?

블랙홀은 아주 무거운 천체인데 갑자기 아주 작은 크기로 줄어들어요. 만약 지구와 같은 무게의 블랙홀이라면 2센티미터 정도로 크기가 줄어들 거예요.

▲ 백조자리 X-1 상상도
소용돌이 중심에 있는 블랙홀이 가까운 별을 끌어당겨요.
이와 같은 블랙홀이 수없이 존재한다고 해요.

이미지 제공 : NASA/CXC/M.Weiss

왜 깜깜할까요?

블랙홀은 빛을 빨아들이고 다시 밖으로 내보내지 않아요. 그래서 우리 눈에 보이지 않는 거예요. 하지만 블랙홀에서 엑스선이나 감마선 같은 전자기파가 나오기 때문에 그것을 관측해 블랙홀이 있다는 것을 알아낼 수 있어요.

엑스선과 감마선

블랙홀은 왜 눈에 보이지 않을까요?

지구와 우주에 관한 과학 상식

태양계는 어떻게 생겨났을까?

가스와 먼지가 충돌하고 뭉쳐서 만들어졌어요.

우주가 생기고 얼마 지나지 않아 우주 공간을 떠돌던 가스와 먼지가 뭉쳐 구름을 이루었어요. 이 가스 구름이 회전하면서 마침내 스스로 빛을 내는 태양이 탄생했어요.
태양을 둘러싼 가스 구름은 태양과 함께 회전하면서 납작한 원반 모양을 이루었고, 구름 속에 있던 먼지 등이 서로 충돌하고 뭉치면서 무수히 많은 작은 행성들을 만들었어요. 이 작은 행성들이 또 충돌하고 뭉치는 과정에서 지구 같은 행성이 생겼지요. 이렇게 태양계가 탄생했어요.

생겨난 지 얼마 되지 않은 원시 태양

① 아주 오랜 옛날, 먼지와 가스가 태양을 감싸고 모이기 시작했고, 중심에서 가스가 분출되었어요. 이로 인해 태양이 뜨거워졌어요.

가스로 이루어진 구름

② 주변에 있던 가스 구름이 태양 쪽으로 끌려가 회전하면서 점점 원반 모양이 되었어요.

③ 가스 구름 속 먼지가 서로 충돌하고 뭉치면서 작은 행성(미행성)들을 만들었어요.

④ 미행성끼리 결합하면서 커다란 행성이 생겨났어요. 태양에 가까이에서 수성, 금성, 지구, 화성이 되었어요.

⑤ 태양으로부터 멀리 떨어져 온도가 낮은 곳에서 목성, 토성, 천왕성, 해왕성의 행성이 만들어졌어요.

⑥ 이렇게 8개의 행성이 탄생해 지금의 태양계를 이루었어요. 지구는 태양에서 세 번째로 가까운 거리에 있는 행성이에요.

 지구는 어떻게 생겨났을까요?

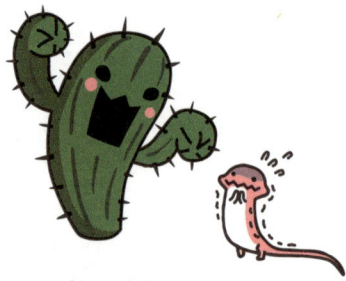

그림으로 이해하는
3학년이 가장 궁금한 과학

2024년 5월 10일 2판 1쇄 발행 | 2025년 7월 15일 2판 3쇄 발행

글 | 올리브그린 그림 | 이케베켄이치 외 감수 | 미마 노유리 옮김 | 정은지
펴낸이 | 나성훈 펴낸곳 | (주)예림당
등록 | 제2013-000041호 주소 | 서울시 성동구 아차산로 153 예림출판문화센터
구매 문의 전화 | 561-9007 팩스 562-9007
책 내용 문의 전화 | 566-1004
http://www.yearim.kr

책임 개발 | 박효정 / 서인하 문새미 디자인 | 이정애 / 강임희 김지은 백지현
제작 | 신상덕 / 박경식 콘텐츠 제휴 | 문하영
마케팅 | 임상호 전훈승

ISBN 978-89-302-6889-9 74400
ISBN 978-89-302-6794-3 74400(세트)

사진 협조
42~43쪽 황소개구리·붉은귀거북·큰입배스 ©123RF, 단풍잎돼지풀 ©Le.Loup.Gris, 도깨비가지 ©이영철
53쪽 자작나무 잎·느릅나무 잎·양버들 잎 ©123RF

*이 도서에는 아모레퍼시픽에서 제공한 아리따글꼴이 적용되어 있습니다.

[Japanese Original Title] 3: 絵でよくわかる 科学のなぜ3年生
E de Yokuwakaru Kagaku no Naze 3nensei
© 2015 Gakken Education Publishing
First published in Japan 2015 by Gakken Education Publishing Co., Ltd, Tokyo
Korean translation copyright © 2016 by YeaRimDang Publishing Co., Ltd.
Korean translation rights arranged with Gakken Plus Co., Ltd.

이 책의 한국어판 저작권은 (주)예림당과 Gakken Plus Co., Ltd.사와의 독점 계약으로 (주)예림당에 있습니다.
저작권법에 의해 한국 내에서 보호를 받는 저작물이므로 무단 전재와 복제를 금합니다.

어린이제품 안전특별법에 의한 제품 표시사항

제품명 | 도서 제조자명 | (주)예림당 제조국명 | 대한민국 전화번호 | 02)566-1004
주소 | 서울시 성동구 아차산로 153 제조년월 | 발행일 참조 사용연령 | 8세 이상
주의! 책의 모서리가 날카로우니, 던지거나 떨어뜨려 다치지 않도록 주의하세요.